KB125864

반복의 미학
누. 구. 주

# 반복의 미학
# 누.구.주

자기주도학습을 위한 신개념 학습 플랫폼

**1판 1쇄 발행** | 2018년 3월 1일
**1판 2쇄 발행** | 2019년 10월 1일

**지 은 이** | 서상민 · 전동민 · 임승연
**발 행 인** | 서상민

**펴 낸 곳** | 한국학습코칭센터
**출판등록** | 제25100-2013-000057호
**등록일자** | 2013년 10월 4일
**주　　소** | 서울특별시 서초구 강남대로 369, 12-1367 (서초동)
**전　　화** | 02)2676-0935
**팩　　스** | 02)6008-0935
**이 메 일** | klcc@klcc.or.kr
**홈페이지** | http://klcc.or.kr

Copyright ⓒ 서상민 · 전동민 · 임승연, 2018
ISBN 979-11-951348-4-7 03370

• 이 책의 저작권은 저자에게 있습니다. 저자와 출판사의 허락없이 내용의 일부를 무단으로 인용하거나 발췌하는 행위를 금합니다. 전부 또는 일부 내용을 이용하려면 반드시 저작권자와 한국학습코칭센터의 서면에 의한 동의를 받아야 합니다.

• 잘못된 책은 구입처에서 교환해드립니다.

이 도서의 국립중앙도서관 출판예정도서목록(CIP)은 서지정보유통지원시스템 홈페이지(http://seoji.nl.go.kr)와 국가자료공동목록시스템(http://www.nl.go.kr/kolisnet)에서 이용하실 수 있습니다. (CIP제어번호: CIP2018005530)

자기주도학습을 위한 신개념 학습 플랫폼

# 반복의 미학
# 누.구.주

| 누적반복, 구분반복, 주기반복 |

서상민 · 전동민 · 임승연 지음

**KLCC** 한국학습코칭센터
KOREA LEARNING COACHING CENTER

　"내 인생에서 후회되는 일은 무엇인가?"라는 흥미로운 주제로 한 방송사에서 설문을 진행한 적이 있었다. 남녀노소를 불문하고 절대 다수를 차지한 대답이 바로 '공부'였다. '학창시절에 공부를 잘했더라면', '좀 더 열심히 공부했더라면' 하는 뒤늦은 후회가 우리 인생을 따라다닌다는 것이다.

　과연 인생을 살면서 '공부'에 대해 후회하지 않을 방법이 있을까? 이 물음에 대한 답을 얻기 위해 전국의 1,500여 기관에서 만난 학생과 학부모, 선생님들을 통해 놀라운 결과를 얻게 되었다. 공부를 못했거나 안 한 것을 후회하는 부모 세대로부터 지금까지 오랜 시간이 흘렀고, 세상은 눈부시게 발전했음에도 여전히 대부분의 학생들은 '공부'를 어려워하고 있으며, 과거의 부모 세대와 같은 후회를 할 가능성이 높다는 사실이다.

　왜 이런 현상이 나타나는지를 알기 위해, 상대적으로 '공부'에 대한 후회가 없거나 후회할 가능성이 낮은 소위 '공신(공부의 신)'이라고 불리는 최상위 학습자들의 공부 비밀을 찾기 시작했다. 그들이 일반 학생과 다른 점이 무엇인지, 어떤 차이가 뛰어난 학습 성과를 내도록 했는지 교육 현장에서 만난 최상위 학습자들을 인터뷰하고 방송과 책을 통해 그들의 성공 비결을 면밀히 살펴보았다.

　결과는 의외였다. 최상위 학습자들과 일반 학생들의 차이는 지능지수나, 책상에 앉아 있는 시간에 있지 않았다. 머리가 특별히 좋은 것도 아니고 공부 시간도 큰 차이가 없다면 도대체 무엇이 그 차이를 만들었을까? 결정적인 것은 바로 '학습균형'과 '학습전략'이었다. 최상위 학습자들은 배움(학學)과 익힘(습習)의 균형이 잡힌 체계적인 학습전략을 바탕으로 뛰어난 학습 성과를 만들어내며, 성취감을 맛보는 선순환의 공부를 하고 있었다. 반면에 일반 학생들은 과도한 배움으로 인한 학비만증에 시달리며, 체계적인 학습전략 없이 무작정 공부를 하고, 낮은 학습 성과에 실패와 좌절을 경험하는 악순환의 공부를 하는 것을 발견할 수 있었다.

그렇다면 왜 일반 학생들은 학비만증에 시달리며 제대로 된 학습전략도 없이 후회할 가능성이 높은 공부를 하고 있을까?

학비만증은 어릴 때부터 배움에 지나치게 많은 시간과 노력을 들이는 것에 비해 상대적으로 익히는 시간이 줄어든 것에서 그 원인을 찾을 수 있다. 마치 많은 음식을 먹고 움직이지 않으면 비만이 오는 것처럼 공부에서도 같은 문제가 발생한 것이다. 학비만증의 해결은 조금만 신경 쓰면 의외로 손쉽게 해결할 수 있다. 그것은 과도한 배움의 양을 줄이고 익힘의 양을 늘려 '학과 습의 균형'을 맞추면 된다.

그런데 학습전략의 부재와 관련해서는 이유를 찾기가 쉽지 않았다. 대다수의 평범한 학생들은 학습전략을 접할 기회가 없어서 그런 것이 아닐까 하는 고민도 했지만, 사실 최상위 학습자들의 학습전략은 방송과 책, 강연 등을 통해 이미 세상에 낱낱이 공개되어 있다. 누구나 조금만 노력하면 직간접적으로 최상위 학습자들의 다양한 학습전략을 접할 수 있다. 하지만 대부분의 학생들은 최상위 학습자들의 학습전략을 제대로 활용하지 못한다.

그 이유를 많은 학생들에게 질문한 결과 크게 두 가지로 정리할 수 있었다.

첫째는 너무 막연하다는 것이다.

상당수의 최상위 학습자들은 그들의 학습전략을 세세하게 설명하기보다는 포괄적으로 설명하는 경향이 있다. "예습, 복습을 열심히 했습니다. 교과서 위주로 공부했습니다. 학교수업을 충실하게 들었습니다." 이러한 최상위 학습자들의 포괄적인 학습전략이 일반 학생들에게는 너무 막연하게 들릴 수밖에 없다.

둘째는 너무 난해하다는 것이다.

막연한 방법에 대해 아쉬움을 느끼는 학생들이 많아서인지 다수의 텔레비전 프로그램에서 최상위 학습자들의 다양한 학습전략을 구체적으로 소개하기도 했다. 그 대표적인 예가 〈공부의 왕도〉(EBS)이다. 하지만 출연 학생별로 개인 성향이나 상황에 따라 다양한 방법들을 사용할 뿐 아니라, 복잡하고 난해해서 일반 학생들은 자신의 공부에 어떻게 적용해야 할지 막막함을 느낀다고 했다.

이러한 문제들의 해결을 위한 '완벽한 학습기술시스템(완시스)'을 개발하겠다는 일념으로 한국학습코칭센터에서는 연구에 연구를 거듭했고 마침내 '완시스(완벽한 학습기술시스템)'를 실현할 핵심 열쇠를 찾게 되었다. 그것은 바로 '누적반복, 구분반복, 주기반복'의 세 가지 반복 요령이 적용된 '꾸준한 반복'이었다. 최상위 학습자들은 이 세 가지 반복의 원리(누적반복, 구분반복, 주기반복)가 녹아들어간 학습기술과 학습전략으로 항상 놀라운 학습 성과를 낼 수 있었던 것이다.

또한 이것에 착안해 '누.구.주(누적반복, 구분반복, 주기반복)'가 적용된 신개념 학습시스템인 '누구주 학습모형'을 개발하게 되었다.

'누구주 학습모형'은 마치 수영이나 태권도처럼 누구나 쉽게 '누.구.주' 원리를 배우고 익혀서 나만의 학습기술 체계와 전략을 만들 수 있도록 고안되었다.

지식의 반감기가 갈수록 짧아지고 인생 전반에 걸쳐 공부를 지속해야 하는 시대를 살아가기 위해 공부 경영의 기초가 절실한 지금, 자신만의 지식 축적 프로세스를 갖추는 것에 최적화된 '반복의 미학 누.구.주'가 대한민국 모든 학습자의 공부에 날개를 달아주길 희망한다.

서상민 | 한국학습코칭센터 대표

**3장 누구주 학습코칭의 이해**

# 1장

# 누구주
# 학습원리

# 원리를 알면 누구나 공신이 될 수 있는, '반복의 3원칙 누.구.주'

**Q** 열심히 진도를 따라가려고 노력하는데 왜 항상 성적은 제자리일까요?

**A** 공부에도 핵심 키워드가 있다. 여러 가지 학습기술들을 공통적으로 아우르는 학습원리인 반복의 3원칙 '누.구.주'가 바로 그 열쇠이다. 이것을 기억하고 실천한다면 누구나 공신이 될 수 있다.

공부를 잘할 수 있는 방법을 소개한다고 하면, 보통은 필기하는 기술, 수업 듣는 기술, 집중하고 암기하는 기술 등 다양한 학습기술들을 먼저 떠올릴 것이다. 하지만 다양한 학습기술들을 효과적으로 활용하기 위해서는 먼저 이러한 학습기술들을 관통하는 핵심 원리에 대한 이해가 필요하다. 그래야만 학습기술들을 제대로 활용할 수 있으며 공부에 대한 관점과 시야가 더 넓고 깊어지게 되기 때문이다. 이 장에서는 효과적인 공부 방법을 터득하고 공부에 대한 통찰력을 갖추기 위한 첫걸음인 '반복의 3원칙 누.구.주'에 대해 살펴볼 것이다.

공부의 과정은 본질적으로 기억을 만들고 점검하고 유지하는 작업의 연속이다. 기억을 제대로 만들어야 필요할 때 그 기억을 꺼내 활용할 수 있기 때문이다. 최상위 학습자들의 학습전략에서는 망각을 막으면서 오랫동안 튼튼한 기억을 유지하는 체계적인 반복의 원리가 공통적으로 발견되었다. 그들만의 특별한 반복의 원리들을 파헤쳐 누구나 쉽게 적용할 수 있도록 '누적반복', '구분반복', '주기반복'이라는 3가지 원칙으로 정리했으며, 기억하기 쉽게 앞 글자를 이용해서 만든 이름이 '반복의 3원칙 누.구.주'이다.

## 확실한 기억을 만드는 '기억형성'의 원리 - 누적반복

　일반적으로 많은 학생들은 1단원을 공부하고, 그 다음에 2단원을, 그 다음에 3단원, 4단원, 5단원으로 진도를 차례대로 공부해 나가는 방식을 택한다. 그런데 1단원을 마치고 2단원을 공부할 때쯤에는 1단원의 내용이 기억에서 서서히 사라지기 시작한다. 3단원으로 넘어가면 1단원과 2단원의 기억이 함께 사라지게 된다. 이런 방식으로 계속 진도를 나가면, 공부한 내용의 기억이 대부분 사라져 복습을 위해 다시 처음으로 돌아오면, 앞서 공부한 1단원의 내용은 대부분 잊어버려 기억이 나지 않는다.

　이렇게 비효율적인 학습이 되지 않도록 하는 반복의 원리가 바로 누적반복이다. 누적반복은 먼저 공부한 내용을 복습하면서 새로운 학습 내용을 추가하는 방법이다. 새로운 내용을 공부하기 전에 앞서 공부한

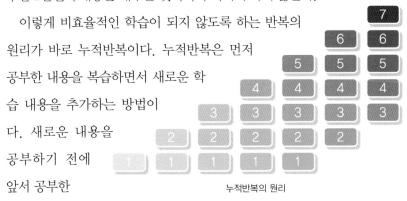

누적반복의 원리

내용을 반복함으로써, 기억을 새롭게 하고 계속 쌓아가는 방법으로 기억 형성 과정에서 기억이 사라지는 것을 막고 탄탄한 기억력을 갖도록 해준다. 예를 들어 1단원을 공부한 다음, 바로 2단원으로 넘어가지 않고 1단원을 먼저 복습하고, 2단원을 공부한다. 3단원을 공부할 때에는 1~2단원을 복습하고, 3단원을 공부하고, 다시 1~3단원을 복습한 후 4단원을 공부한다. 이렇게 계단 모양으로 층을 쌓듯이 반복하며 공부하는 것이 누적반복의 원리이다.

　누적반복은 하나의 내용을 3~5회 반복하는 것을 기본으로 한다. 기본 누적 횟수를 3~5회로 정하고 있지만 누적 횟수는 늘어날 수도 줄어들 수도 있다. 잘하는 과목은 2~3번의 누적반복만 할 수도 있고, 약한 과목은 6~7회 이상의 누적반복으로 더 강한 기억을 만들 수도 있다. 누적반복 횟수는 자신의 '이해'와 '암기'의 정도에 맞춰서 조절하도록 한다.

### 공부의 수준을 높이는 '기억점검'의 원리 - 구분반복

　한정된 시간 안에 효율적인 학습을 위해서는 기억의 수준을 점검해야 한다. 기억된 것과 그렇지 않은 것을 구분하고 더 공부할 내용에 집중하는 것이 필요하며 이런 과정을 통해 공부의 수준을 높여 나갈 수 있는데, 이때 적용할 수 있는 것이 구분반복의 원리이다.
　구분반복은 '남아있는 기억'과 '사라진 기억'을 구분해 기억을 확인하고

구분반복의 원리

점검한 후 사라진 기억을 다시 반복함으로써 학습의 효율성을 높여준다. 같은 시간과 노력을 들여 누적반복을 했음에도 사라진 기억들이 존재하게 된다. 이때 구분반복의 원리를 적용해 사라진 기억을 확인하고 점검함으로써 '남아있는 기억'에 들이는 불필요한 시간을 줄일 수 있다. 또한 '사라진 기억'을 복원하는 것에 집중해 기억의 완성도와 효율성을 높여 나갈 수 있다.

대부분의 최상위 학습자들은 누적반복과 구분반복의 원리를 체계적으로 적용하며 수준 높은 공부를 하고 있었다. 예를 들어, 1단원을 공부하고, 1단원 누적반복하고 2단원 공부하고, 1~2단원 누적반복하고 3단원을 공부하는 식으로 학습을 진행했다면, 잠깐 멈추고 지금까지 공부한 1~3단원의 내용을 얼마나 기억하고 있는지 점검한다. 그리고 기억하는 것과 그렇지 않은 것을 구분해 사라진 기억은 반복학습을 통해 기억을 복원한다. 이어서 4~5단원을 누적해서 공부했으면 다시 멈추고 1~5단원을 되짚어 남아있는 기억과 사라진 기억을 구분하고 사라진 것을 다시 반복한다. 이렇게 공부를 계속하면 기억의 품질을 높일 수 있고 기억을 유지하는 시간도 늘어나게 된다. 그런데 대부분의 학생들은 공부한 내용을 되짚어보기보다는 경주마가 앞으로만 질주하듯이 앞만 보고 공부하기 때문에 공부를 다 마쳤다고 생각하는 순간, 기억을 돌아보면 구멍이 숭숭 뚫려있어 처음부터 다시 힘겹게 공부해야 하는 안타까운 상황이 반복된다.

## 장기기억을 만드는 '기억유지'의 원리 - 주기반복

누적반복과 구분반복을 통해 기억의 완성도를 높였다 하더라도 시간이

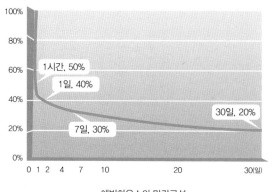

1시간, 50%

1일, 40%

7일, 30%

30일, 20%

에빙하우스의 망각곡선

흐르면 기억은 또 사라지기 시작한다. 기억을 오랫동안 유지하기 위해서는 장기기억으로 만들어야 하는데, 장기기억을 만들기 위해서는 일정한 시간의 간격을 두고 주기적으로 반복하는 것이 가장 효과적이다. 이것은 독일의 심리학자 헤르만 에빙하우스(1850~1909)가 기억에 관한 연구를 통해 밝힌 '망각곡선'을 통해 잘 알려진 사실이다. 에빙하우스의 연구 결과에 따르면 일반적으로 우리의 기억은 새로운 내용이 입력된 뒤 1시간이 지나면 약 50%, 하루가 지나면 60%, 일주일이 지나면 70%, 한 달이 지나면 약 80%를 망각한다고 한다.

그런데 대부분의 학습자들이 수업 내용을 처음으로 복습하는 시점은 시험이 임박했을 때이다. 수업을 아무리 잘 들었다고 하더라도 최소 1주일에서 한 달 후인 시험공부 기간에는 70~80%의 기억이 사라진 뒤라는 사실이다. 이때 다시 공부를 하겠다고 책을 펼치는 것은 배운 기억조차 희미해 마치 처음 보는 내용을 선생님의 도움 없

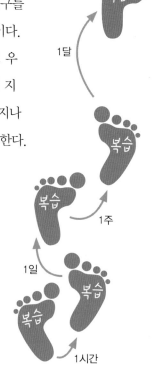

복습

1달

복습

복습

1주

1일

복습

복습

1시간

주기반복의 원리

반복의 미학 누구주

이 혼자서 공부하는 '독학'이 될 수밖에 없다. 당연히 좋은 효과를 얻기란 어렵다.

주기반복이란 기억이 빠른 속도로 사라지기 전에 일정한 시간의 간격을 두고 복습함으로 기억을 계속 유지하는 것이다. 기억은 한 번 반복할 때마다 천천히 사라지기 때문에 반복의 간격을 늘려가면서 공부한 당일, 주말, 시험, 방학 등의 식으로 4~5회 이상 주기적인 반복을 하게 되면 효과적으로 기억을 오랫동안 유지할 수 있다.

'반복의 3원칙 누.구.주'는 모든 공부에 적용할 수 있는 핵심적인 학습 원리이다. 처음 무언가를 배울 때 '누적반복'을 통해 확실한 기억을 만들고, 중간 중간 '구분반복'을 실천함으로 기억을 점검한 후 구멍 난 부분을 메워주고, 망각이 일어나지 않도록 '주기반복'을 함으로써 기억을 유지해 나간다. 결국 공부의 과정은 기억을 만들고, 출력 가능 여부를 점검하며, 오랫동안 그 기억을 유지하는 것이다.

'반복의 3원칙 누.구.주'는 교과공부뿐만 아니라, 운동을 하든, 악기를 배우든, 게임을 하든, 일을 하든 어떤 분야든지 지식과 기술을 익히고, 실력을 쌓고, 경지에 오르기 위해 필요한 핵심 원리이다. '누.구.주'를 제대로 이해하고 자신의 분야에 적용할 수 있다면 가장 중요한 성공 원리를 익혔다고 할 수 있다.

앞으로 소개할 구체적인 학습기술은 이 '누.구.주'의 원리를 기반에 두고 있다. '누.구.주'의 관점에서 각 학습기술을 보면 보다 쉽게 학습기술을 이해할 수 있을 것이며, 나아가 자신에게 맞는 최적화된 나만의 학습기술을 만들어 나갈 수 있게 될 것이다.

## 누.구.주 학습모형

　'누.구.주'의 원리를 평범한 학생들도 공부에 적용하고 실천할 수 있도록, 최상위 학습자들의 학습기술을 분석해 반드시 알아야 할 실전 학습기술을 추려내어 다음과 같은 '누.구.주 학습모형'을 만들었다. 처음 볼 때는 약간 복잡해 보일 수 있지만 하나하나 실전 학습기술을 배워 나가면, 이 책이 끝날 무렵에는 자신의 공부에 '누.구.주'의 원리를 어떻게 적용할지, 시기별, 목적별로 어떤 학습기술을 공부에 적용해야 할지 알 수 있을 것이다.

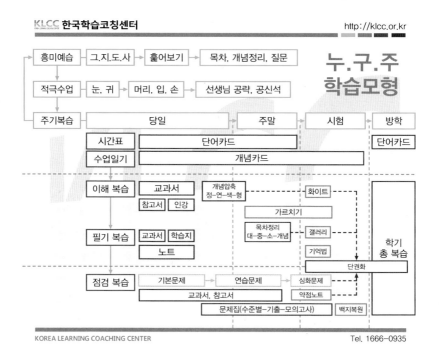

## ● 기억 쏙쏙 퀴즈

1. 반복의 3원칙을 이루는 효과적인 반복 원리는 '누적반복', '구간반복', '주기반복'이다. (O/×)

2. 남아있는 기억과 사라진 기억을 구분하고, 사라진 기억을 반복하는 것을 '누적반복'이라고 한다. (O/×)

3. 기억을 유지하기 위한 주기반복을 할 때는 뒤로 갈수록 반복의 간격을 점점 짧게 하는 것이 좋다. (O/×)

---

◆ **기억 쏙쏙 퀴즈 정답** ◆

1. X (효과적인 반복의 3원칙은 누적반복 – 구분반복 – 주기반복이다.)

2. X (남아있는 기억과 사라진 기억을 구분하고, 사라진 기억을 반복하는 것은 구분반복이라고 한다.)

3. X (주기반복은 초반에 빠르게 반복하고, 뒤로 갈수록 반복의 간격이 점점 길게 하는 것이 좋다.)

정답

# 2장

# 누구주
# 학습기술

# 예습-수업-복습전략의 완성, '완시스 사이클'

**Q.** 학원을 많이 다니는데 왜 성적은 오르지 않을까요?

**A.** 학습 성과를 내기 위해서는 배운 내용을 충분히 자신의 지식으로 만드는 익힘의 과정이 필요한데 학원에 지나치게 의존하면 익힘이 부족한 학습 불균형 상태가 된다. 이 같은 학습 불균형 상태에서는 학습 성과를 내기 힘들다. 학교수업을 중심으로 배움과 익힘의 균형을 완성하는 '완시스 사이클'을 제대로 실천하면, 노력한 만큼 좋은 성적을 낼 수 있을 것이다.

해마다 대입수학능력시험이 끝나고, 12월 초가 되면 수능시험 성적이 발표된다. 그리고 수능 결과를 다루는 TV 뉴스에는 항상 최고득점자 인터뷰를 보여준다. 인터뷰의 내용은 늘 비슷하다. 아이큐는 높지 않고, 그냥 평범한 학생인데, 시골 작은 마을에서 학원, 과외 없이 오로지 학교수업만 듣고 예습 복습을 충실히 해서 수능시험을 봤더니, 만점을 받고 전국 수석을 했다는 내용이다.

어찌 보면 너무나 당연한 예습, 수업 그리고 복습만으로 매년 최고의 학습 결과를 낼 수 있었다는 이야기다. 왜 최상위의 학생들은 학교수업과 예습, 복습만으로도 좋은 성과를 내는데 대부분의 학생들은 학교수업뿐만 아니라 학원, 인터넷 강의, 과외 등 여러 자원들을 추가로 활용하면서도 만족할 만한 성과를 내지 못하는가? 어떻게 해야 제대로 성과를 내는 체계적인 예습, 수업, 복습을 할 수 있을까? 예습, 수업, 복습의 황금 사이클인 '완시스 사이클'을 통해 그 해결책을 살펴보도록 하자.

## 영화의 예고편처럼 수업의 집중도를 높이는, 흥미예습

완시스 사이클의 첫 번째 법칙은 흥미예습의 법칙이다. 예습은 수업에 대한 흥미가 생길만큼만 하는 것이 중요하다. '다음 수업에는 어떤 내용이 나올까' 수업 내용을 궁금해 하며 학습할 내용에 대해 생각하는 시간이 예습시간이고, 예습을 하며 생긴 궁금증을 해결하는 시간이 바로 수업시간이다. 수업을 통해 궁금증을 해결한 내용을 자기 것으로 만드는 시간이 복습시간이며, 복습한 내용이 얼마나 자기 것이 되었는지 살펴보는 시간이 시험이다.

공부의 과정을 단순하게 정의하면, 어떤 내용에 대해 호기심을 갖고(예습), 해결하고(수업), 자기 것으로 만들어서(복습), 활용하는(시험) 것이다.

예습은 수업 내용에 대한 궁금증을 유발하는 정도만 해도 충분하다. 요령은 매우 간단하다. 영화나 드라마의 예고편을 보는 것처럼 짧고 강하게 해주면 된다. 일반적으로 영화의 예고편은 2~3분밖에 안 된다. 그 짧은 2~3분짜리 예고편을 보는 것만으로도 제목, 주인공, 주요사건들을 파악할 수 있다. 더 중요한 것은 그 짧은 예고편을 보는 순간 영화에 대한 궁금증이 커지고, '이 영화 언제 개봉하지?' 하는 관심과 기다림을 갖게 된다.

흥미예습도 이렇게 영화나 드라마의 예고편을 보는 것처럼 짧고 강하게 해주는 것만으로도 수업에 대한 호기심과 기대감을 가질 수 있으며, 수업 참여도와 집중도가 높아지게 된다.

그런데 일반 학생들의 예습은 흥미예습과는 많이 다르다. 예습은 그 목적에 맞게 수업시간에 나올 개념을 확인하고 내용에 대한 궁금증을 유발하는 정도로만 하면 되는데, 요즘 학생들은 선행학습을 비롯해 과도한 예습을 하느라 힘들고 고통스러운 시간을 보내고 있다. 이러한 예습은 시간과 들인 정성에 비해 힘만 들고 오히려 수업 내용에 대한 궁금증보다는 공부에 대한 부정적인 감정만 갖게 만든다.

흥미예습을 단계적으로 훈련하는 것만으로도 공부에 대한 부정적인 감정을 줄이고 예습 효과를 높일 수 있다. 초중고 학년과는 상관없이 처음 예습을 하는 학생이라면 1단계부터 훈련하는 것이 좋다. 1단계 흥미예습은 한 과목당 1분에서 2분 정도의 시간만으로도 충분하다. 우선 교과서를 펼쳐서 단원명, 학습목표를 간단하게 보고, 교과서에 나와 있는 그림, 지도, 도표, 사진과 같은 학습 자료들에 눈도장을 찍는다. 이렇게 흥미예습 1단계는 간단하게 마무리한다. 매우 짧은 시간에 예습이 끝나니까 부담도 지루함도 없다. 1~2분 정도 교과서의 그림을 보고, '이 그림 이상하게 생겼는데? 선생님이 뭐라고 설명하실까?', 사진을 한 장 보고도 '이 사진 멋있네, 무슨 장면이지? 수업 때 들어봐야겠다.'라고 생각하면 된다. 굉장히 간단하지만 수업 내용에 대한 궁금증과 기대감을 유발하며 수업의 효과를 높이기에는 충분하다.

1단계 흥미예습이 어느 정도 익숙해지면 2단계 흥미예습을 진행한다. 흥미예습 2단계는 1단계에서 다루지 않았던 교과서 본문을 보는 것이 추가되고 시간이 조금 늘어난다. 2단계 흥미예습은 과목당 3분에서 5분 정도 교과서 본문을 빠르게 훑어보며 단원명, 학습목표, 그림, 지도, 도표, 사진과 함께 진한 글씨, 색깔 글씨처럼 본문에서 눈에 띄는 것을 정확히 보면 된다. 중요한 학습 자료와 개념들을 파악하고 수업에 임하기 때문에 수업시간에 선생님이 강조하시는 내용과 연결되며 수업을 훨씬 쉽게 이해할 수 있다. 이것이 2단계 흥미예습의 전부이다. 이 정도의 예습만 한다고 할 때 다음 날 주요과목을 모두 예습하는 데 걸리는 시간은 10~15분이면 충분하다.

2단계 흥미예습도 능숙하게 할 수 있다면 3단계로 넘어가면 된다. 그런데 3단계 흥미예습은 1~2단계에 비해서 난이도가 높고 시간이 오래 걸리기 때문에 굳이 무리해서 하지 않아도 된다. 3단계 흥미예습은 먼저 목차를 보며 지금까지의 흐름을 다시 한 번 파악하고, 핵심단어들을 가볍게 재확인하는 것으로 시작한다. 그 다음에 본문을 꼼꼼히 정독하며 그림, 지도, 도표, 사진과 본문의 진한 글씨, 색깔 글씨를 보면서 중요한 개념들을 확인 정리하고, 수업시간에 선생님에게 질문할 것들까지 미리 정리한다. 3단계 흥미예습은 1, 2단계에 비해 소요시간이 굉장히 많이 늘어나게 된다. 최상위 학습자들 중에서도 3단계 흥미예습처럼 오랜 시간 예습을 하는 경우는 드물기 때문에 굳이 무리해서 학습의 부담감을 높일 필요는 없다. 기본적으로 흥미예습은 1단계나 2단계까지만 해도 수업의 효과를 높이기에 충분하다.

## 온몸을 사용하여 개념을 받아들이는, 적극수업

흥미예습을 통해서 수업에 대한 궁금증과 기대감을 높였다면 이제 수업에 어떻게 참여해야 할지를 살펴보자. 수업에서 중요한 것은 교수자인 선생님이 전달해 주는 개념을 학습자인 학생이 충분히 습득하고 이해하기 위해 노력하는 적극성이다. 최상위 학습자들도 수업의 적극성을 높이기 위해서 공통적으로 사용하는 우리 몸의 사용 규칙이 있는데 이 규칙들을 정리한 것이 완시스 사이클의 두 번째 법칙인 적극수업의 법칙이다.

적극수업을 위한 몸의 사용법을 훈련할 때도 흥미예습과 마찬가지로 훈련의 단계가 있다. 1단계에서 눈과 귀를 먼저 훈련하고, 2단계에서는 머리, 입, 손의 사용법을 훈련하는 것이다.

### ● 눈을 부릅떠라

수업시간에 눈의 사용법은 눈에 힘을 줘서 눈을 '부릅'뜨고, 선생님을 뚫어지게 응시하는 것이다. 이렇게 하면 자연스럽게 집중의 눈빛이 만들어진다. 또 다른 눈의 역할은 '학습 자료'를 보는 것이다. 선생님이 '여러분 칠판을 보세요.'라고 하면 칠판을 보고, '모두 교과서를 보세요.' 할 때는 교과서를 보면 된다.

수업시간에 이 두 대상에 정확히 눈을 고정하고 집중하는 것만으로도 수업의 실제 집중도가 높아지며 학습 성과가 놀라울 만큼 향상될 수 있다. 그래서 수업시간에는 선생님과 학습 자료에 눈을 고정할 수 있도록 반복적으로 훈련하는 것이 필요하다.

### ● 귀를 쫑긋 세워라

수업시간에 눈의 사용법 만큼이나 귀의 사용법도 간단하다. 수업시간에 귀는 '쫑긋' 세우고 세 가지를 주의해서 듣는다.

첫 번째는 말의 속도이다. 선생님의 말이 빨라지는지 느려지는지를 구분하여 듣는다.

두 번째는 목소리 톤의 높낮이이다. 선생님의 목소리 톤이 올라가는지 내려가는지를 구분하며 듣는다.

세 번째는 특정 개념의 반복 횟수이다. 선생님이 특정한 개념을 한두 번만 얘기하는지 대여섯 번을 반복해서 얘기하는지 주의해서 듣는다.

누구나 수업시간에 이런 경험을 해본 적이 있을 것이다. 선생님께서 낮은 목소리로 천천히 얘기를 하시다가 어떤 개념을 설명할 때 갑자기 목소리가 높아지고 그 개념을 여러 번 반복해서 설명한 것을 기억하고 있었는데 그 부분이 시험문제로 나온 경험 말이다. 선생님들은 이렇게 시험에 내겠다는 확실한 신호를 보내는 경우가 많다. 최상위 학습자들은 이러한 선생님들의 신호를 알고 있다. 그래서 수업시간에 눈을 부릅뜨고 귀를 쫑긋 세워 시험에 무엇이 나오는지 보고 들음으로써 쉽게 고득점을 얻는 것이다. 그러나 대부분의 학생들은 수업시간에 눈과 귀를 적극적으로 활용하지 않기 때문에 제대로 된 학습 성과를 얻지 못하고 있다. 학습 성과의 차이는 수업시간에 눈을 부릅뜨고 귀를 쫑긋 세웠는지, 눈을 감고 귀를 닫았는지의 차이에서부터 시작된다고 할 수 있다.

이렇게 적극수업 1단계로 눈을 부릅뜨고 귀를 쫑긋 세우는 것이 능숙해졌으면, 이제 적극수업 2단계인 머리와 입과 손을 훈련하도록 한다.

● **머리를 끄덕여라**

수업시간에 학생들 머리의 역할은 크게 두 가지다.

첫 번째 머리의 역할은 가볍게 아래위로 머리를 끄덕이는 것이다. 수업시간에 선생님이 모든 학생들의 눈높이에 맞춰 수업을 진행하는 것은 불가능하다. 그래서 부득이하게 머리를 끄덕이며 수업에 참여하고 있다는 표시를 하는 학생들의 눈높이에 맞춰 수업을 진행한다. 최상위 학습자들은 이것을 잘 알고 수업시간에 계속해서 머리를 끄덕이며 선생님에게 '선생님 저를 보세요. 저에게 수업 내용을 맞춰주세요.'라는 신호를 보낸다. 그렇게 신호를 보내는 학생들과 선생님은 눈을 마주치며 그 학생들에게 최적화된 수업을 진행하게 된다.

두 번째 머리의 역할은 '구분'하는 것이다. 수업 내용을 들으면서 아는 내용인지, 처음 듣는 내용인지를 구분하고, 이해했는지 이해 못했는지를 구분한다. 또한 필기를 해야 할지 필기를 하지 않아도 될지 구분하며, 시험에 나올 것인지 나오지 않을 것인지 끊임없이 생각하고 구분해야 한다.

## ● 입으로 '아~' 하는 감탄사를 내뱉어라

수업시간에 학생들이 입을 써야 하는 경우는 딱 세 가지로 정리할 수 있다.

첫 번째는 '아~' 하는 감탄사를 내뱉을 때이다. 수업시간에 머리를 끄덕이며 입으로 '아~' 하고 감탄사를 내뱉으면 된다.

두 번째는 선생님의 질문에 대답을 할 때 사용한다.

세 번째는 발표하거나 질문할 때 사용한다.

수업시간에 이런 긍정의 반응을 하는 순간, 수업 내용의 이해와 기억 효과가 극대화될 수 있다.

## ● 손을 번쩍 들어라

학생들이 수업시간에 쓰는 손의 역할은 두 가지로 정리할 수 있다.

첫 번째는 '번쩍' 손을 드는 것이다. 발표나 질문을 위해 수업시간에 수

반복의 미학 누구주

시로 손을 번쩍 든다.

손을 번쩍 들고 질문과 발표를 하는 활동은 수업시간에 적극성과 능동성을 높여줄 뿐만 아니라 가장 탁월한 입시대비 훈련이 된다. 입시에서 가장 중요한 역량은 사고력과 표현력인데 수업시간에 하는 질문과 발표를 통해 자신의 생각을 표현하고 의견을 주고받는 과정에서 사고력과 표현력이 길러지게 된다.

두 번째는 필기하는 것이다. 필기가 학습에서 차지하는 역할은 매우 중요하다. 공부의 과정을 정리해보면 필기의 중요성을 바로 알 수 있다. 공부의 과정은 다음 4단계로 정리할 수 있다.

첫째, 수업시간에 선생님에게 개념을 전달받는 과정이다(개념 받기).

둘째, 전달받은 개념들을 기록으로 남기는 과정이다(기록하기).

셋째, 기록을 바탕으로 수업이 끝난 후 복습을 통해서 기억을 만드는 과정이다(기억하기).

넷째, 이 기억을 시험이나 현실 상황에서 펼치고 활용하는 과정이다(활용하기).

이 네 가지 단계를 얼마나 제대로 수행했느냐에 따라 학습의 수준 차이가 결정된다. 이때 첫째, 개념을 전달받는 과정이 학(學)의 과정이고, 셋째, 기억을 만드는 과정이 습(習)의 과정이다. 여기에서 학과 습 사이에 존재하는 것이 바로 기록이다. 결국 필기는 학과 습을 연결시켜주는 중추적인 역할을 하게 된다.

## ● 최상위 학습자로 거듭나기 위한 적극수업 추가 팁

### ① 선생님 사용 설명서

적극수업의 1~2단계를 잘 익혀서 눈, 귀, 머리, 입, 손을 익숙하게 사용할 수 있다면, 보다 효과를 높이기 위해서 선생님별로 사용 설명서를 만든다. 신학기가 시작되면 각 선생님마다 수업진행 방식, 수행평가 방식, 문제 출제 방식 그리고 선호하는 학생 스타일 등을 파악하고 각 선생님의 스타일에 맞춰서 수업을 공략한다.

### ② 선생님을 과외 선생님처럼

최상위 학습자들은 적극수업을 통해 학교 선생님과 좋은 관계를 형성해서 마치 개인 과외를 받는 것과 같은 효과를 얻고 있다. 학교에는 과목별로 여러 선생님들이 계신다. 선생님들과 관계가 좋다면 쉬는 시간이나 점심시간, 방과 후 시간을 활용해서 선생님께 다양한 도움을 받을 수 있기 때문에 가성비가 매우 뛰어난 학습 효과를 얻을 수 있다.

## 이해강화와 장기기억을 만드는, 주기복습

흥미예습과 적극수업을 통해서 잘 배웠다면 다음 단계는 그 개념의 이해를 강화하고, 장기기억으로 만드는 주기복습이다. 복습의 타이틀은 주기복습이지만, 주기반복의 큰 틀 속에서 누적반복과 구분반복이 연속해서 맞물려 진행되기 때문에 앞서 배웠던 '반복의 3원칙 누.구.주'가 자연스럽게 녹아들게 된다.

학습 성과를 제대로 올리기 위해서는 선생님에게 전달받은 개념들을

반복의 미학 누구주

복습을 통해 자신의 것으로 만드는 과정이 중요하다. 그래서 최상위 학습자들은 자신의 공부비법으로 복습을 항상 강조했다. 오랜 시간 최상위 학습자들을 연구한 결과 일반 학습자들과 큰 차이점을 발견하게 되었다. 성적이 정체되거나 떨어지면 최상위 학습자들은 대개의 경우 복습시간을 늘리는데 반대로 대부분의 일반 학생들은 학원이나 과외 등의 사교육 시간을 늘린다.

최상위 학습자들 중에도 학원과 같은 사교육을 이용하는 학생들이 있다. 학교 수업에서 부족한 개념을 보충하고 싶거나, 좀 더 심화된 개념을 배우고 싶을 때 사교육의 도움을 받는다. 하지만 이 학생들은 절대로 사교육에만 의존하지 않는다. 학원에서 시간을 모두 써버리면 학교 수업 내용을 복습할 시간이 없기 때문이다.

최상위 학습자를 만드는 공부의 왕도에서 가장 중요한 것은 복습이며, 일일 복습시간은 학년 × 15~20분 정도가 적당하다. 예를 들어 초등학교 4학년이라면 4학년 × 15~20분 = 60~80분 정도가 권장 복습시간이다. 이런 식으로 계산하면, 학년별 일일 권장 복습시간은 기본적으로 초등 저학년은 15분~1시간, 초등 고학년은 1~2시간, 중학생은 2~3시간, 고등학생은 3~4시간 정도가 된다. 처음부터 일일 권장 복습시간을 맞추기 위해 무리할 필요는 없고 복습 역량을 높이면서 시간을 차츰 늘리도록 한다.

● 당일복습

주기복습의 1단계는 당일복습이다. 당일복습이란 그날 수업에서 들었던 내용을 그날 복습하는 것이다. 이 당일복습은 다시 3과정으로 나뉜다.

당일복습의 첫 번째 과정은 수업시간표를 보는 것이다. 처음에는 시간표를 활용하여 복습훈련을 하는데 방법은 간단하다. 시간표를 펼쳐 놓고 그날 수업한 내용을 떠올려 본다. 1교시 국어 시간에 어떤 내용을 배웠고, 2교시 체육 시간에 줄넘기를 했고, 3교시 음악 시간에는 무슨 노래를 불렀는지 가볍게 떠올려 보는 것이다. 이렇게 시간표 대로 수업의 기억을 머릿속으로 떠올리는 방법으로 복습을 하면 전 과목을 짧게는 2~3분에서 길게는 10분 내에 끝낼 수 있다. 기억이 안날 때에는 교과서나 노트에 필기한 내용들을 참고해서 떠올려 보도록 한다. 당일 복습의 첫 과정인 시간표를 활용하는 것은 복습에 대한 준비운동으로 쉽고 가볍기 때문에 누구나 할 수 있다.

당일복습 두 번째 과정은 수업일기를 활용한 복습이다. 수업일기는 시간표를 보며 떠올렸던 내용 중에 주요 개념들을 글자로 옮기는 활동이다.

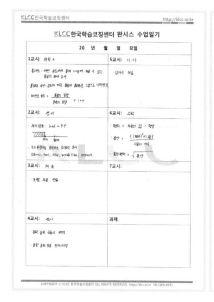

반복의 미학 누구주

간단하게 과목명과 배운 내용이나 활동한 내용들을 서너 줄 정도 적으면서 수업의 기억을 떠올리고 핵심적인 개념들을 정리해 보는 것이다. 만약 어떻게 써야 할지 막막할 경우에는 능숙해질 때까지 교과서나 수업에서 사용했던 교재들을 참고하도록 한다.

이렇게 수업일기를 작성하는 과정은 복습의 뼈대를 잡아주는 효과가 있다. 미술 시간에 찰흙으로 만들기를 할 때 무작정 찰흙으로만 형태를 만들지 않는다. 모양을 잡아주기 위해 철사를 감아 뼈대를 만들어주고 그 뼈대에 찰흙으로 살을 붙여준다. 그래야 원하는 모양을 쉽게 만들어낼 수 있기 때문이다. 마찬가지로 수업일기를 통해 복습의 뼈대를 잡아주면 나중에 다양한 방법으로 복습의 살을 붙일수 있게 된다.

수업일기 작성 훈련이 잘 이루어졌다면, 당일복습 세 번째 과정으로 넘어가서 교과서와 노트, 참고서를 활용한 좀 더 깊이 있는 복습을 진행한다.

가장 먼저 이해강화 위주의 복습부터 시작한다. 수업 내용의 이해를 강화하기 위해 교과서를 다시 살펴보고, 교과서를 보고도 이해가 안 되는 경우에는 참고서를 참고하고, 그래도 이해가 안 될 때는 인터넷 강의 등으로 수업 내용을 완전히 이해할 수 있도록 한다.

당일복습에서 교과서를 볼 때는 '완시스 리딩'에서 소개할 '개념압축' 과정을 통해서 체계적으로 밑줄을 그으며 핵심개념을 파악한다.

다음으로 필기를 정리하며 보충하는 복습을 한다. 수업 때 교과서나 학습지에 필기를 제대로 하지 못했을 경우 필기를 보충하고, 수업시간에 배운 개념을 좀 더 체계적으로 정리해서 나만의 학습 자료를 만들 수 있다.

마지막으로 교과서나 참고서의 기본 문제를 풀면서 수업 때 배운 개념을 제대로 이해하고 기억하는지 확인하고 점검하는 복습을 한다. 점검 과정을 통해 기억나지 않는 것과 이해가 부족한 개념이 구분되면 다시 앞의 단계들을 반복하여 확실히 이해하고 기억할 수 있도록 만든다.

이러한 과정을 거쳐 당일복습이 끝나면 내일 수업에 대해 흥미예습을 하는 것으로 완시스 사이클의 순환을 이어간다.

시간표            수업일기            교과서 + 노트
참고서

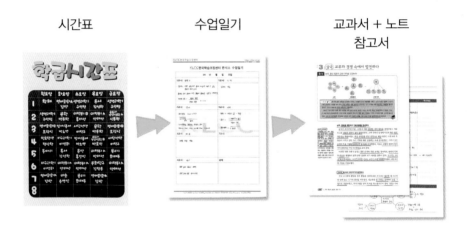

주기복습의 1단계인 당일복습 훈련이 어느 정도 이루어지면, 2단계 복습으로 넘어가서 주말복습, 시험복습, 방학복습 등의 훈련을 진행하면 된다.

## ● 주말복습

2단계의 첫 번째는 주말복습을 반드시 하는 것이다. 주말복습은 기억의 징검다리 역할을 하기 때문에 적은 양이라도 꼭 챙겨서 하는 것이 좋다.

당일복습을 잘했다고 하더라도 시험까지는 시간의 간격이 길기 때문

반복의 미학 누구주

에, 당일복습으로 만든 기억이 사라질 수 있다. 그렇게 되면 정작 시험 기간에는 남아있는 기억이 별로 없기 때문에 거의 처음 보는 것처럼 다시 공부를 해야 한다. 하지만 적극수업을 하고 당일복습을 한 다음, 주말에 주말복습을 한 번 더 하면 시험 기간에 꽤 많은 기억이 남아있는 상태로 시험공부를 할 수가 있다. 이것은 매우 큰 차이를 만든다. 시험 기간에 기억이 거의 바닥인 상태에서 다시 기억을 끌어올려야 하는 사람과 기억이 상당 부분 남아있는 상태에서 기억을 끌어올리는 사람은 시험을 시작하기도 전에 이미 그 결과가 결정된다고 해도 과언이 아니다.

주말복습을 할 때는 일주일 동안 공부했던 내용들을 다시 한 번 전체적으로 반복하며 이해와 기억을 강화하고, 다음으로 점검 위주의 복습을 하는 것이 좋다. 당일복습 단계에서 기본 문제를 푼 후, 주말에는 교과서와 참고서, 문제집의 연습 문제를 풀면서 내용의 이해와 기억의 구멍 난 부분을 확인하고, 제대로 개념을 펼쳐서 적용할 수 있는지 확인한다. 또한 주말복습에서는 뒤의 완시스 리딩에서 소개할 '목차정리' 과정을 통해 개념을 구조화하여 전체 흐름을 쉽게 파악할 수 있는 자료를 만들어준다.

● **시험복습**

당일복습과 주말복습으로 평소 공부를 해나가다가 시험 기간이 되면 시험복습으로 전환한다. 시험복습은 크게 시험 전 복습과 시험 후 복습으로 나눈다.

시험 전 복습은 일반적으로 시험 기간을 3주 안팎으로 남겨둔 상태에서 단권화, 화이트 점검 등의 다양한 시험전략을 활용하여 시험범위를 수차례 반복하는 과정을 거친다. 그 과정에서 자연스럽게 개념압축과 펼치기 역량이 강화되어 깊은 이해와 튼튼한 기억을 만들게 된다. 이를 바탕으로 다양한 응용 심화 문제를 풀면서 시험 역량을 향상시킨다.

시험 후 복습은 시험이 끝난 이후 시험지를 활용해 재 복습을 하는 것이다. 시험 재 복습 과정에서는 시험문제를 구분하는데, 이때 시험문제는 크게 4개의 영역으로 나뉜다. 알고 맞춘 실력 영역, 알았는데 틀린 실수 영역, 몰랐는데 맞춘 행운 영역, 몰라서 틀린 약점 영역이다.

|  | 맞췄다 | 틀렸다 |
| --- | --- | --- |
| 알았다 | 실력 영역 | 실수 영역 |
| 몰랐다 | 행운 영역 | 약점 영역 |

시험이 끝나면 재 복습을 통해 실수 영역, 행운 영역, 약점 영역의 모든 문제들이 나의 진정한 실력 영역이 될 수 있도록 만들어 주어야 한다.

● **방학복습**

주기복습의 당일, 주말, 시험, 방학복습 가운데 많은 학생들이 소홀히 생각하기 쉽지만 가장 중요한 과정이 바로 방학복습이다. 방학복습이 가장 중요한 이유는 장기기억 때문이다. 시험 때까지 공부하는 것만으로는 장기기억으로 전환되는 문턱에 있는 기억 상태라고 볼 수 있다. 그런데 시험이 끝나고 더 이상 복습을 하지 않으면 장기기억의 문턱에 있던 내용이 빠르게 단기기억으로 전환되어 기억이 사라지게 된다.

평생학습 시대에 학습능력을 제대로 갖추고 평생에 걸쳐 학습 성과를 내기 위해서는 어릴 때부터 체계적으로 장기기억을 만드는 공부를 해야 한다. 이를 위해 가장 중요한 것이 방학복습이다.

방학이 시작됨과 동시에 해당 학기에 배웠던 주요과목의 내용을 총 복습해야 한다. 제대로 공부가 된 단원은 빠르게 넘어가고, 기억이 잘 나지 않거나 부족한 단원들은 꼼꼼히 챙겨서 복습한다.

방학복습을 할 때는 시험복습 과정에서 단권화한 교재를 재 반복하며 장기기억을 완성한다. '단권복습'을 하다 보면 군더더기나 불필요한 내용이 눈에 들어오게 된다. 이때 불필요한 자료를 떼어내거나 지워가며 내용을 줄이고 수정보완 해 장기적으로 활용할 수 있는 나만의 개념 참고서를 완성한다.

이렇게 단권복습이 끝나면, 다음으로 약점 과목을 보완한다. 예를 들어 고등학생인데 수학이 약한 경우 중학교 수학을 다시 공부하면서 배경 지식을 튼튼하게 하거나 영어에서 어휘가 부족하다고 느끼는 경우 영단어를 집중적으로 암기해서 어휘력 늘리는 식이다.

## 학습의 결실을 맺는, 완벽시험

### ● 시험의 정의

공부의 현실적인 목표에 해당하는 것이 바로 시험이다. 시험은 시험범위의 학습 내용들을 얼마나 이해하고 기억하고 있는지를 출력해서 평가하는 것으로, 시험의 핵심은 '출력'이라고 할 수 있다. 따라서 시험의 준비과정은 어떻게 해야 공부한 내용을 잘 출력할 수 있을지에 초점을 맞추어야 한다.

시험은 그 내용을 완벽하게 이해하고 기억해야 출력이 가능하고 문제에 적용할 수 있다. 결국 시험 준비란 시험범위에서 모르는 것을 줄여나가는 과정이다.

## ● 시험전략 세우기

시험학습의 첫 걸음은 시험 전략표를 짜는 것부터 시작된다. 시험 전략표 작성 과정은 정기고사를 보는 중학생부터 기본적으로 활용할 수 있다. 여러 과목을 동시에 준비해야 하는 중간고사, 기말고사 등은 무작정 공부를 하게 되면 제한된 기간 내에 목표한 공부를 다 하기가 어렵다. 따라서 과목별 시험 대비 전략을 먼저 세우는 게 좋다.

시험 전략표는 먼저 시험을 보는 과목을 적는다. 그 다음 목표 점수를 적는데 이전 시험 성적과 그동안 공부한 성취도를 감안하여 현실적으로 도달할 수 있는 목표 점수를 정한다. 그리고 과목별 우선순위를 정하는데 과목별 성취도와 난이도, 학습량, 진로나 입시 연관 정도에 따라 시간을 많이 할애해야 하는 과목을 높은 순위로 정한다.

다음으로 시험범위를 기록한다. 단원을 기록하고, 공부해야 하는 학습자료의 종류와 분량도 기록한다. 시험 전략표를 작성하는 시점에 아직 시험범위가 정해지지 않았다면, 현재의 속도로 진도가 나갔을 때 예상되는 대략의 범위를 정해도 된다. 시험전략 부분에는 지난 시험에서 실패했던 이유와 성공했던 이유를 기록하고, 선생님의 문제 출제 유형이나 시험공부를 할 때 주의할 점, 과목별 주요 학습전략을 기록하는 것으로 전략표는 완성된다.

이렇게 작성한 시험 전략표는 시험 준비 기간 동안 눈에 잘 띄는 곳에

## KLCC 한국학습코칭센터　　20　년　　학기　　고사　시험 전략표

| 과목 | 목표 | 우선 순위 | 시험 범위 (교재, 분량) | 시험 전략 (지난시험, 주의점, 학습법) |
|---|---|---|---|---|
|  |  |  |  |  |
|  |  |  |  |  |
|  |  |  |  |  |
|  |  |  |  |  |
|  |  |  |  |  |
|  |  |  |  |  |
|  |  |  |  |  |
|  |  |  |  |  |
|  |  |  |  |  |
|  |  |  |  |  |
|  |  |  |  |  |
|  |  |  |  |  |

COPYRIGHT ⓒ KLCC 한국학습코칭센터 ALL RIGHTS RESERVED http://klcc.or.kr Tel.1666-0935

시험 전략표

붙여 두거나 수시로 볼 수 있도록 가지고 있어서 앞으로 공부를 어떻게 해 나갈지 파악하고, 필요하다면 수정을 하면서 시험공부를 진행한다. 이와 같이 시험공부를 진행하면서 전략이 수정이 될 수 있다는 점을 감안하여 시험 전략표를 작성할 때는 손쉽게 수정이 가능하도록 컴퓨터 파일로 만드는 것이 좋다. 그리고 시험공부를 진행하면서 과목별 성취도를 표시한다. 과목명 아래의 십자로 나눈 사각형 구간에 현재 과목별로 얼마나 공부를 진행했는지 표시를 한다. 4분의 1정도 공부를 마쳤다면 한 칸, 절반을 마치면 두 칸을 채운다. 네 칸을 다 채웠다면 이 과목은 시험공부를 다 했다고 볼 수 있다. 그래서 현재 시험공부를 어느 정도 했는지 한눈에 파악하면서 공부할 수 있고, 현재의 상태에 따라서 전략과 계획을 수정하면서 시험공부를 진행할 수 있다.

## ● 시기별 시험 학습전략

시험 준비 기간 중에 시험공부를 할 때는 시기별로 다음과 같은 전략들을 사용하여 시험 대비를 한다.

### ① 시험 준비 기간 전 평소 학습

보통 시험을 3주 정도 앞둔 시점부터는 시험 준비를 시작한다. 하지만 시험 준비 기간이 시작되기 전 평소 학습이 충분히 잘되어 있어야 시험을 여유 있고 확실하게 대비할 수 있다.

평소 학습기간에는 지금까지 소개하고 앞으로 다뤄질 여러 학습전략들을 사용하여 시험학습의 효과를 극대화할 수 있도록 이해와 기억의 기본기를 다져 둔다. 예를 들어 완시스 사이클을 기본으로 예습-수업-복습을 충실히 하고, 주요 과목의 개념을 완시스 노트로 정리한다. 완시스 리딩으로 개념을 압축하고 목차를 정리하며, 핵심개념이나 주요 어휘들은 완시스 카드를 활용해 자투리 시간에 별도로 암기한다.

또한, 시험은 문제라는 형태로 개념을 제대로 이해하고 기억하고 있는지 확인하려는 과정이기 때문에 평소 학습에서도 문제풀이를 통한 적용훈련을 해두어야 한다. 이때에는 무조건 문제를 많이 푸는 것보다는 한 문제라도 제대로 풀고, 부족한 부분은 따로 약점 노트에 기록하고 관리하기 위해 노력하는 것이 중요하다. 약점 노트에는 두 번 이상 틀리거나 제대로 풀지 못한 문제에 대한 관련 개념을 정리해 놓고, 시험 때까지 반복해서 보도록 한다.

자신이 공부한 내용을 보다 확실한 기억으로 만들기 위해 '가르치기' 학습법을 적극적으로 사용하는 것이 좋다. 마치 선생님처럼 설명하면서 공부한 내용을 누군가에게 가르치면, 가르치는 동안 강한 기억이 만들어지고, 가르치기 전에는 잘 이해되지 않았던 것들이 가르치는 동안 이해가 되기도 한다.


## ② 시험 3주 전

시험 준비를 시작한다고 해서, 평소 공부는 모두 중단하고, 시험공부만 하는 것은 아니다. 시험 준비 기간에도 수업 진도는 계속 나가기 때문에 기본적인 완시스 사이클은 계속 이루어져야 한다. 평소 예습-수업-복습의 과정은 그대로 충실하게 하면서 시험공부의 비중을 늘린다.

시험 준비를 본격적으로 시작할 때는 우선 기출문제를 통해 주로 어떤 개념들이 문제로 출제되었는지 확인하고, 교과서나 학습 자료에 해당하는 부분에 표시해 둔다. 이전에 시험에 출제된 개념은 이미 중요성이 검

증된 것이므로 기출 표시를 해 두면 시험공부를 중요한 내용 위주로 보다 효과적으로 진행할 수 있다.

다양한 문제를 풀며 기억이 사라졌거나 암기해야 하는 개념을 만나게 되면 별도의 카드로 만들어서 완시스 카드의 방법으로 암기한다.

시험 준비가 본격화되면 접하게 되는 학습 자료들이 많아지므로, 다양한 학습 자료를 단권화해서 시험 후반부의 효율성을 극대화할 수 있도록 한다.

### ③ 시험 1주 전

시험 1주일 전에는 자투리 시간도 잘 활용할 수 있도록 생활환경을 시험환경으로 바꿔주는 갤러리 학습법을 적용하는 것이 좋다. 갤러리 학습법이란 갤러리에 걸린 그림을 관람하듯 학습 자료를 곳곳에 붙여 놓고 수시로 보는 것을 말한다. 갤러리 학습법의 핵심은 암기할 내용을 최대한 눈에 잘 띄게 노출하는 데 있다. 학습 자료들 중에서 외워야 하는 것들을 정리해 책상 앞이나 옆, 벽 등 잘 보이는 장소나 거울, 화장실, 냉장고 등에도 암기할 것들을 붙여 놓는다. 무심코 시선이 닿는 곳에 암기해야 할 것들이 보이게 함으로써 반복 횟수를 늘린다.

또한 평소 학습기간과 시험 학습기간을 거치며 수없이 반복했음에도 암기가 잘되지 않는 내용들은 기억이 잘되게 하는 방법인 기억법을 사용해 보는 것도 좋다. 대표적인 기억법으로는 정보들의 앞 글자를 따서 새로운 단어를 만들어 암기하는 '약어법', 기억해야 할 단어들을 이용해 문장을 만들어 이야기처럼 기억하는 '약문법', 기억해야 할 내용에 익숙한 멜로디를 붙여 노래 부르듯이 기억하는 '운율법' 등이 있다.

#### ④ 시험 3일전

시험은 실력을 점수로 바꾸는 과정이므로, 제대로 실력을 발휘하기 위해서는 시험시간 내에 실수없이 문제를 풀 수 있어야 한다. 이를 위해서는 실전 응용 훈련이 필요한데 시험 3일 전에 기출 문제를 이용하여 실전과 같은 연습 시험을 보는 것이 좋다. 기출 문제 풀이를 할 때는 답안지 마킹 실수나 여러 돌발 상황들을 고려해 5~10분 정도 시간을 짧게 설정해서, 실수 없이 완벽하게 문제를 풀 수 있도록 한다. 기출 문제들을 통해 시험 실전 연습을 한 후 드러난 약점들에 대해서는 최대한 보완해서 실제 시험에서는 문제가 발생하지 않도록 대비해야 한다.

시험범위에 대한 암기가 얼마나 완벽하게 되었는지 확인하기 위해, 완시스 리딩의 마지막 단계인 '화이트 점검'을 적극 사용한다. 그러고 나서 충분히 공부가 됐다고 판단이 서면, 직접 문제를 출제해 보라. 시험 문제를 직접 출제해 보는 과정에서 문제 출제자의 의도도 예상해 볼 수 있고, 시험 감각을 기를 수 있으며, 서술형 시험에 대한 대비까지 가능하다.

#### ⑤ 시험 1일전

시험을 하루 앞두고는 최상의 컨디션으로 시험을 볼 수 있도록 컨디션 관리를 한다. 잠을 자지 않고 밤을 샌다던지, 음식을 먹지 않거나 또는 너무 과하게 먹는 등의 행동은 컨디션을 떨어뜨려 시험 결과에 안 좋은 영향을 미칠 수 있다. 따라서 시험 전 날, 평소대로 숙면을 취하며 컨디션 유지를 할 수 있도록 시험 1일전에는 시험공부가 모두 마무리되어 있도록 전략적인 시험학습을 해야 한다.

시험 전날 시험공부를 마무리할 때는 빈 종이에 시험범위의 전체 내용을 펼쳐보는 백지복원을 하며 최종적으로 시험 준비 상태를 점검해 보도록 한다.

시기별 시험 학습전략은 이 책을 끝까지 읽으며 완시스의 모든 학습전략들을 살펴본 후 다시 읽으면 보다 확실히 이해하고 적용할 수 있다.

## 누구주 코너

### ● 기억 쏙쏙 퀴즈

1. 예습은 자세히 구체적으로 해야만 한다. (○/×)

2. 수업시간에는 눈, 귀, 머리, 입, 손을 모두 적극적으로 사용한다. (○/×)

3. 시험이 끝나면 시험범위의 내용은 다시 복습하지 않아도 된다.

   (○/×)

4. (          )은 배운 내용을 복습하면서 새로운 학습 내용을 추가
   하는 반복 방법이다.

5. 기억이 사라지기 전에 일정한 시간의 간격을 두고 복습을 통해 기억
   을 떠올려 기억을 계속 유지하는 전략을 (          )이라고 한다.


### ● 완시스 수업일기

| 1교시: 반복의 3원칙 누.구.주 | 2교시: 완시스 사이클 |
|---|---|
| 누적반복 – 기억형성<br>구분반복 – 기억점검<br>주기반복 – 기억유지 | 흥미예습 – 영화예고편, 그지도사, 진한글씨, 색깔글씨<br>적극수업 – 눈 부릅, 귀 쫑긋,<br> 머리 끄덕, 입 아~, 손 번쩍<br>주기복습 – 당일, 주말, 시험, 방학<br>완벽시험 – 시험 전략 세우기, 시기별 시험 학습전략 |


◆ **기억 쏙쏙 퀴즈 정답** ◆ 〔정답〕

1. X (예습은 수업에 대한 흥미를 높일 수 있을 만큼만 짧고 강하게 한다.)

2. ○ (수업시간에는 온몸을 사용하며 적극적으로 수업을 듣는다.)

3. X (시험 후 복습과 방학복습을 해줌으로써 장기기억을 만든다.)

4. (누적반복)은 배운 내용을 복습하면서 새로운 학습 내용을 추가하는 반복 방법이다.

5. 기억이 사라지기 전에 일정한 시간 간격을 두고 복습을 통해 기억을 떠올려 기억을 계속 유지하는
   전략을 (주기반복)이라고 한다.

# 체계적인 기록전략, '완시스 노트'

**Q** 필기를 잘하고 싶은데 막상 어떻게 필기를 해야 할지 막막해요. 필기를 잘할 수 있는 방법은 무엇인가요?

**A** 최상위 학습자들의 기록전략을 손쉽게 터득할 수 있도록 고안된 '완시스 노트'를 활용해보자. 다양한 필기 규칙을 활용하여 체계적으로 수업에서 다뤄진 개념을 정리하고, 효율적인 복습 효과를 거둘 수 있는 자신만의 필기전략을 완성할 수 있다.

요즘 학생들은 컴퓨터 키보드와 스마트폰 키패드에 익숙해져 손으로 펜을 움직여 글을 쓰는 필기를 선호하지 않는 경우가 많다. 하지만 최상위 학습자들의 공통적인 특징은 필기를 매우 중요하게 여겨 열심히 하고, 잘한다는 것이다. 왜 최상위 학습자들은 이렇게 기록을 중요하게 여길까? 공부한 내용을 기록으로 남기고, 그 기록을 지식으로 만들어 활용하는 것이 공부의 성과를 내는 데 아주 큰 역할을 차지하기 때문이다.

공부를 한다는 것은 학습 내용을 이해하고 기억하는 과정인데, 기억은 시간이 지나면 사라지고 변형되므로 그 자체로는 매우 불안정하다. 그래서 언제 사라질지 모르는 기억보다는 확실한 기록이 더 중요하다. 그렇지만 무작정 열심히 필기하는 것만으로는 부족하다. 나만의 학습 자료를 만

반복의 미학 누구주

들고 이 자료를 활용해 보다 효율적인 공부를 위해서는 체계적인 필기전략이 필요하다.

지금까지 최상위 학습자들의 필기전략들을 분석하는 과정에서 각각의 필기 스타일이 다름에도 불구하고 공통적으로 쓰고 있는 전략들을 발견했다. 이러한 공통적인 필기전략들을 한 권의 노트에 담아낸 것이 바로 '완시스 노트'다.

## 완시스 노트의 특징

### ● 예습-수업-복습 절차에 맞춘 체계적 필기

완시스 노트는 크게 '예습 구간-수업 구간-복습 구간'으로 나뉘어 있어서, 예습-수업-복습의 완시스 사이클과 연동해 사용하게 된다.

### ● 기능별로 구분된 기록 영역

완시스 노트는 총 5개의 영역, 즉 '예습 구간', '공부한 내용 구간', '주요 개념 구간', '추가 메모 구간', '요약정리 구간'으로 구분되어 있다. 각 영역별로 기능이 정해져 있어서 그 기능에 맞게 영역별로 필기를 하면 손쉽게 최상위 학습자의 필기전략을 구사할 수 있다.

## ● 개념 서열을 쉽게 알아볼 수 있는 들여쓰기 보조선

완시스 노트의 '공부한 내용 구간'에는 개념의 서열을 쉽게 알아볼 수 있는 들여쓰기 보조선인 세로 점선 두 줄이 있다. 이 점선은 개념의 크기를 구분해서 개념 서열을 쉽게 알아볼 수 있도록 도와준다.

## ● What / Why / How 지속적인 의문과 질문 유발

완시스 노트의 추가 메모 구간에는 What, Why, How라는 영어 의문사가 3개 있다. 필기를 할 때도 항상 '이건 무엇일까? 왜 그럴까? 어떻게 해야 할까?' 라는 끊임없는 의문을 던지고, 그 의문이 풀리지 않으면, 수시로 질문해 의문을 해결한다.

## 완시스 노트 사용법

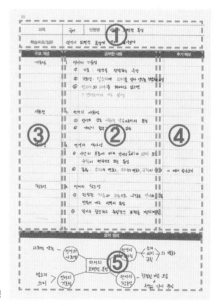

완시스 노트의 구성

## ● 예습 구간

가장 위쪽에 위치한 ①번 '예습 구간'은 '흥미예습'에 사용한다. 수업 전에 짧은 예습을 하면서 해당 페이지에 나올 내용들을 간략하게 파악할 수 있도록 날짜, 과목, 단원명, 학습목표와 같은 기본적인 내용들을 기록한다.

## ● 공부한 내용 구간

수업시간에 배운 내용을 기록할 때에는 ②번 '공부한 내용 구간'을 사용한다. '공부한 내용 구간'은 일반적인 노트에 필기하듯이 본문에 해당하는 내용을 필기한다. '공부한 내용 구간'을 좀 더 체계적으로 사용하기 위해 지키면 좋은 몇 가지 필기 규칙들이 있다.

가장 기본이 되는 필기 규칙은 개념의 크기에 따른 '들여쓰기'다. 제목이나 주제와 같이 개념의 크기가 큰 내용은 앞쪽에 적고, 설명이나 세부 내용과 같이 작은 내용은 안쪽으로 들여쓰기해서 적는다. 들여쓰기를 잘 이용하면 개념의 서열을 빠르게 파악할 수 있고, 내용도 쉽게 이해할 수 있다.

필기할 때에는 모든 내용을 다 기록하기보다는 주요 내용을 중심으로 '요약'하여 기록한다. 선생님이 하는 얘기는 무엇이든 다 기록해야 한다고 생각해 눈과 손이 따로 움직이면서 무조건 받아적기만 하는 학생들이 간혹 있다. 이런 경우에는 나중에 필기한 자료를 학습 자료로 활용하기가 굉장히 어렵다. 필기에 필요한 시간과 공간을 절약하기 위해 완성된 문장보다는 주요 단어 위주로 요약하거나 간략하게 기호나 약어 등을 활용하면 좀 더 효과적인 필기를 할 수 있다.

글씨도 최대한 알아보기 좋게 신경 써서 필기하는 것이 좋다. 복습할 때 본인이 쉽게 알아보도록 하는 것도 있지만 본인이 직접 쓴 글씨를 통해서 평가를 받는 경우도 많기 때문이다. 서술형 시험을 비롯하여 논술 시험, 수행 평가 등이 바로 그런 경우이다. 다른 사람들이 못 알아볼 정도로 글씨를 쓴다면 채점자가 그 내용을 제대로 평가를 하지 못해 불이익을 받게 될 수도 있다.

또 너무 화려하게 꾸미는 데 집착하지 않아야 한다. 색색의 펜으로 현란하게 필기를 하다 보면 오히려 선생님의 설명을 놓치거나 나중에는 알아보기 힘들 수도 있다. 따라서 수업에 방해가 되지 않도록 필기구 각각의 용도를 정해 놓고 적절히 조합해 깔끔하게 필기해야 한다.

일반적인 내용은 눈에 부담이 없는 검은색 펜으로 쓰고, 중요한 내용은 눈에 확 띌 수 있게 빨간색 펜으로 쓴다. 추가되는 내용이나 개인적인 생각들은 빨간색 펜과는 구분이 될 수 있게 파란색 펜으로 쓰고, 가장 중요한 핵심개념은 형광펜으로 표시를 해둔다. 이렇게 목적이 정해진 필기구의 조합은 전략적인 필기를 할 수 있도록 해준다.

● 주요 개념 구간

왼쪽 ③번 '주요 개념' 구간에는 '공부한 내용' 구간에 필기한 내용의 개념 덩이를 찾아서 그 개념 덩이의 중간 제목을 달아준다는 마음으로 핵심 단어를 뽑아서 기록한다. 주요 개념을 왼쪽에 따로 기록해 두면 핵심 내용을 빠르게 검색할 수 있는 효과가 있다.

수업시간에 필기를 하든, 복습을 하며 노트 정리를 하든 가급적 주요 개념 구간은 개념의 덩어리가 파악되는 그 즉시 기록하는 것이 유익하다.

주요 개념을 바로바로 정리해 필기를 하면, 한 단원의 필기가 끝났을 때 일목요연하게 정리된 주요 개념을 한눈에 볼 수 있다. 그것을 빠르게 훑어보는 것만으로도 한 단원의 내용이 머릿속에 깔끔하게 정리되는 것을 실감할 수 있을 것이다. 이렇게 정리된 주요 개념을 통해 빠르고 효과적으로 노트의 내용을 '누.구.주' 할 수 있다.

### ● 추가 메모 구간

수업 중에 선생님의 설명을 들으면서 얻게 되는 기억의 단서가 있을 경우나 복습을 하다가 따로 메모해야 할 내용이나 개인적인 생각, 기억해야 할 사항들이 있다면 그것은 ④번 '추가 메모' 구간에 기록한다. 예를 들어 선생님이 중요하다고 강조한 내용이 있다면 해당 내용의 오른쪽 추가 메모 구간에 '중요', 시험에 대한 힌트를 줬다면 '시험'이라고 표시를 해두는 것이다.

그밖에도 문제를 풀어봐야겠다는 생각이나, 질문해야겠다는 생각이 들었다면 역시 추가 메모 구간에 함께 기록한다. 특히 질문과 관련된 기록이 중요한데, 수업 중이나 복습 중에 이해가 안 되는 내용에 대해 질문해야겠다는 생각이 문득 들었을 때 '질문'이라는 한 단어를 사용하거나 그냥 물음표 하나만 써 놓아도 그 표시를 보고 기억을 떠올려 그 질문을 해결하고 넘어갈 수 있다.

### ● 요약정리 구간

⑤번 '요약정리' 구간은 복습 과정에서 수업 내용을 두 번 이상 복습하고

가장 중요한 개념들을 중심으로 수업 내용을 요약하는 데 사용한다.

요약정리를 할 때 형식은 자유롭게 하면 된다. 일반적인 노트처럼 줄에 맞춰 쓰는 것이 편하면 줄글 형식으로, 맵을 선호한다면 맵의 형태로, 그림이 좋으면 그림으로, 표로 정리할 수 있다면 표의 형태로 요약하면 된다. 나중에 자신이 편한 방법으로 정리해 둔 요약정리 구간을 보면서 '누.구.주' 하게 되면, 특히 시험 기간의 학습 효율성을 획기적으로 높일 수 있다.

## 완시스 노트의 활용

### ● 핵심 질문을 활용한 역순 복습법

완시스 노트의 사용법이 충분히 익숙해져서 각 단원별 필기가 잘 이루어졌다면 노트 아래 요약정리 구간의 한쪽 공간을 할애해서 핵심 질문을 만들어 기록해 보자.

수업 내용을 아우르는 핵심 질문을 만드는 것으로 또다시 '누.구.주'가 자연스럽게 진행된다. 질문을 만들기 위해 다시 한 번 핵심을 생각하며 반복하게 되고, 질문에 답을 하는 과정에서 전체 내용을 제대로 이해했는지 점검하고 확인하는 효과도 있다.

이 핵심 질문이 가장 빛을 발할 때는 바로 시험을 대비할 때이다. 시험 복습 과정에서 노트를 볼 때는 역순으로 보도록 한다. 노트를 펼쳐 맨 마지막 핵심 질문부터 살펴보면서 질문에 대한 답을 해본다. 한 단원 전체의 내용을 아우르는 핵심 질문에 대답을 잘할 수 있다면 이 단원은 공부가 잘되었다는 것을 의미한다. 그런데 설명이 안 되고 막히는 개념이 있으면 요약정리 구간에 요약한 내용을 다시 살펴본다. 요약한 내용을 보면서 내가 떠올리지 못한 개념에 대한 힌트를 얻는다. 힌트를 봐도 모를 때는 위의 본문 내용으로 시선을 옮겨서 모르는 개념을 꼼꼼하게 살펴보면 된다. 이렇게 질문에 대답하며 전체 개념을 펼쳐보는 연습은 서술형 시험을 대비할 때 아주 강력한 효과를 발휘할 수 있다.

## ● 과목별 완시스 노트 활용법

완시스 노트는 개념을 정리하는 것에 최적화되어 있다. 그래서 사회나 과학으로 대표되는 개념 위주의 과목들에 쉽게 적용할 수 있다.

수학의 경우, 보통 문제풀이는 일반 연습장에 하는 것이 좋고, 이론이나 개념을 정리할 때는 완시스 노트를 사용하는 것이 효과적이다. 또한 특정 유형의 문제를 약점 노트의 형식으로 정리를 할 때도 완시스 노트를 사용할 수 있다.

국어나 영어 같은 경우, 교과서 지문에 대한 해설은 교과서에 직접 필기를 하고, 문법 지식이나 작품에 대한 설명 등의 내용은 완시스 노트를 활용하여 정리하면 좋다.

이렇게 완시스 노트를 자신의 상황에 맞춰 다양한 과목에 사용하게 되면 자연스럽게 나만의 필기전략을 갖출 수 있게 된다.

| 과목 | 과학 | 단원명 | 지각을 이루는 것은 |
|------|------|--------|------------------|
| 학습목표/질문 | | | 지각을 이루는 주요 광물과 원소를 설명할 수 있다. |

| 주요 개념 | 공부한 내용 | 추가 메모 |
|-----------|-----------|-----------|
| 지각의 구성성분 | 1. 지각의 구성 성분<br>지각의 겉부분인 지각은 암석으로 이루어져 있고<br>암석은 광물로, 광물은 원소로 이루어져 있다. | |
| 광물 | 2. 광물<br>① 암석을 이루는 알갱이<br>② 조암광물 : 암석을 이루는 주된 광물 (약 20종)<br>③ 주요 조암광물 : 석영, 장석, 흑운모, 각섬석, 휘석, 감람석 | 중요! |
| 원소 | 3. 원소<br>① 광물을 이루고 있는 것<br>② 광물은 대부분 두가지 이상의 원소로 이루어짐.<br>＊한가지 원소로 된 광물 : 다이아몬드 (탄소)<br>③ 지각의 8대 구성원소 : 산소, 규소, 알루미늄, 철,<br>칼슘, 나트륨, 칼륨, 마그네슘<br>＊ 산소와 규소가 가장 많은 양 차지 | 시험에 나옴! |
| 광물의 이용 | 4. 광물의 이용<br>① 석영 ; 유리제품, 반도체<br>② 흑운모 : 다리미, 돌침대<br>③ 자철석 : 건물, 조형물<br>④ 금강석 : 보석, 절단기 | 구분 잘하기! |

| 요약 정리 |
|-----------|

지각을 이룬 것 ─┬─ 지각 구성성분 : 지각 > 암석 > 광물 > 원소<br>　　　　　　　├─ 광물 < 암석을 이루는 알갱이 / 조암광물 / 주요 조암 광물<br>　　　　　　　├─ 원소 < 광물을 이루고 있는 것 / 지각의 8대 구성원소 - ＊산소, 규소<br>　　　　　　　└─ 광물의 이용

＊주요 조암광물의 종류는?

＊지각의 8대구성 원소의 종류는?

| 과목 | 수학 | 단원명 | Ⅳ 함수 - 1. 함수의 그래프와 그 활용 |
|---|---|---|---|

| 학습목표/질문 | 함수의 개념을 이해하고, 순서쌍과 좌표를 이해한다. |
|---|---|

| 주요 개념 | 공부한 내용 | 추가 메모 |
|---|---|---|
| | 1. 함수의 그래프와 그 활용 | |
| 함수<br>함수의 개념 | 1) 함수<br>① 함수: 변화하는 두 양 $x$, $y$에 대하여 $x$의 값이<br>　　　변함에 따라 $y$의 값이 하나씩 정해지는 대응관계<br>　　→ $y$는 $x$의 함수다. → 기호: $y=f(x)$ | ☆ $y=f(x)$ |
| 정의역, 공역, 함숫값, 치역 | ② 정의역, 공역, 함숫값, 치역<br>・정의역 - 변수 $x$가 가질 수 있는 모든 값의 집합<br>・공역 - 변수 $y$가 가질 수 있는 모든 값의 집합<br>・함숫값 - 정의역의 원소 $x$의 값에 따라 결정되는 $y$값<br>・치역 - 함숫값 전체의 집합  ✗ 치역은 공역의 부분집합 | ☆ X(정의역)  Y(공역)<br>　　　　　　치역<br>　∴ 치역 ⊂ 공역 |
| 순서쌍과 좌표<br>좌표 평면 | 2) 순서쌍과 좌표<br>① 좌표평면 | ← 사분면: 4개로 나뉘어진면 |

좌표평면 그림 (제2사분면 (−,+), 제1사분면 (+,+), 제3사분면 (−,−), 제4사분면 (+,−), 원점 0, y축, x축)

- $x$축, $y$축 통틀어 '좌표축'
- 순서쌍: ($x$좌표, $y$좌표)
- ex) $P(1,2) → x=1, y=2$
- 원점의 좌표 → $(0,0)$

| 요약 정리 |
|---|

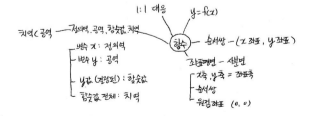

치역⊂공역 ─ 정의역, 공역, 함숫값, 치역
　　　├ 변수 $x$: 정의역
　　　├ 변수 $y$: 공역
　　　├ $y$값 (결정된): 함숫값
　　　└ 함숫값 전체: 치역

　　　　　　　　1:1 대응　　$y=f(x)$
　　　　　　　(함수)─ 순서쌍 - ($x$좌표, $y$좌표)
　　　　　　좌표평면 - 사분면
　　　　　　　├ $x$축, $y$축 = 좌표축
　　　　　　　├ 순서쌍
　　　　　　　└ 원점좌표 $(0, 0)$

| 과목 | 국어 | 단원명 | 언어의 보편적 특성 |
|---|---|---|---|
| 학습목표/질문 | 언어의 보편적 특성에 대해 알아보자 | | |

| 주요 개념 | 공부한 내용 | 추가 메모 |
|---|---|---|
| 기호성 | 1. 언어의 기호성<br>① 기호 : 생각을 전달하는 수단<br>② 기호성 : 말소리에 의미를 담아 생각을 전달하는 특성<br>③ 말소리와 의미 중 하나라도 없으면<br>→ 언어로서의 기능 불능 | |
| 사회성 | 2. 언어의 사회성<br>① 언어가 갖는 사회적 약속으로서의 특성<br>② 개인이 함부로 바꿀 수 없음 | |
| 역사성 | 3. 언어의 역사성<br>① 시간의 흐름에 따라 단어의 소리나 의미 또는<br>규칙이 변하기도 하는 특성<br>② 종류 : 소리의 변화, 의미의 변화, 규칙의 변화 | → 예시 찾아보기 |
| 창조성 | 4. 언어의 창조성<br>① 한정된 자음과 모음으로 수많은 단어와 문장을<br>만들어 내는 언어의 특성<br>② 작가의 참신하고 독창적인 표현을 가능하게 함. | |

**요약 정리**

사회적 약속 — 언어의 사회성 — 언어의 보편적 특성 — 언어의 역사성 → 소리 의미 규칙 의 변화

말소리 의미 > 언어의 기호성

언어의 창조성 — 한정된 자음·모음 ↓ 수많은 단어·문장

● 기억 쏙쏙 퀴즈

1. 필기할 때에는 내용의 크기에 따라 '들여쓰기'를 한다. (ㅇ/×)

2. 노트 필기는 멀리서도 알아볼 수 있도록 최대한 화려하게 한다.
   (ㅇ/×)

3. 요약정리 구간에는 최대한 많은 내용을 담아야 한다. (ㅇ/×)

4. 예습을 할 때에는 짧은 시간 동안에 교과서를 펼쳐 단원명, 학습목
   표를 간단하게 보고, 교과서에 나와 있는 (              )과 같은 학
   습 자료들을 살펴본다.

5. 수업시간에 눈의 사용법은 간단하다. 눈에 힘을 줘서 눈을 (        )
   뜨고, 선생님을 잡아먹을 듯이 뚫어져라 보면 된다.

6. 당일 복습을 할 때에는 시간표를 보며 떠올렸던 내용 중에 과목명과
   배운 내용이나 활동한 내용을 두세 줄 정도로 간단하게 적으며 수업
   의 기억을 떠올리고 핵심적인 개념들을 정리하는 (              )를
   쓴다.

## ● 완시스 수업일기

| 1교시: 반복의 3원칙 누.구.주 | 2교시: 완시스 사이클 |
|---|---|
| 누적반복 – 기억형성<br>구분반복 – 기억점검<br>주기반복 – 기억유지 | 흥미예습 – 영화예고편, 그지도사, 진한글씨, 색깔글씨<br>적극수업 – 눈 부릅, 귀 쫑긋,<br>　　　　　　머리 끄덕, 입 아~, 손 번쩍<br>주기복습 – 당일, 주말, 시험, 방학<br>완벽시험 – 시험 전략 세우기, 시기별 시험 학습전략 |

| 3교시: 완시스 노트 | |
|---|---|
| 수업 내용 : 들여쓰기, 요약, 글씨체, 필기구 조합<br>주요 개념 : 중간 제목<br>추가 메모 : 기억 단서<br>요약정리 : 2번 이상 복습 | |

정답

◆ **기억 쏙쏙 퀴즈 정답** ◆

1. O (들여쓰기를 통해 개념의 크기를 구분해 내용을 쉽게 이해할 수 있도록 한다.)
2. X (지나치게 화려한 필기는 오히려 알아보기 힘들고 집중력을 떨어뜨린다.)
3. X (요약정리 구간에는 내용을 많이 담기보다는 주요 개념들 위주로 간략하게 기록하면 된다. )
4. 예습을 할 때에는 짧은 시간 동안에 교과서를 펼쳐 단원명, 학습목표를 간단하게 보고, 교과서에 나와 있는 (그림, 지도, 도표, 사진)과 같은 학습 자료들을 살펴본다.
5. 수업시간에 눈의 사용법은 간단하다. 눈에 힘을 줘서 눈을 (부릅)뜨고, 선생님을 잡아먹을 듯이 뚫어져라 보면 된다.
6. 당일 복습을 할 때에는 시간표를 보며 떠올렸던 내용 중에 과목명과 배운 내용이나 활동한 내용을 두세 줄 정도로 간단하게 적으며 수업의 기억을 떠올리고 핵심적인 개념들을 정리하는 (수업일기)를 쓴다.

# 누구주 복습전략의 핵심, '완시스 리딩'

Q 공신들은 다들 '교과서 위주'로 공부했다고 하는데, 교과서를 어떻게 봐야 할지 모르겠어요. 어떻게 해야 교과서를 완벽하게 정복할 수 있을까요?

A 가장 기본적인 학습 자료인 교과서를 완벽하게 정복하기 위해서는 반복의 3원칙 누.구.주를 활용하여 체계적으로 접근해야 한다. '완시스 리딩'을 통해 교과서의 핵심개념을 파악하고, 전체 흐름을 정리하며, 나만의 개념 참고서를 완성하여, 시험 직전 최종 기억점검까지 활용하는 완벽한 교과서 학습전략을 익힐 수 있다.

최상위 학습자들이 공통적으로 이야기하는 뛰어난 학습 성과의 비밀이지만, 일반적인 학생들의 입장에서는 가장 믿지 못하는 이야기가 바로 '교과서 위주'로 공부했다는 말일 것이다. 대부분의 학생들은 개념이 한눈에 들어오고, 핵심이 잘 정리되어 있는 참고서나 문제집의 요약 자료를 훨씬 선호한다. 그런데 공신들은 왜 한결같이 교과서 위주로 공부했다고 할까? 그 이유는 선생님이 수업시간과 시험출제의 주교재로 사용하는 것이 교과서이며, 또한 남이 정리해 놓은 개념을 단순히 암기하는 것보다, 교과서를 보며 직접 핵심개념을 파악해 가는 과정이 훨씬 수준 높은 공부 방법임을 결과를 통해 직접 경험했기 때문이다.

완시스 리딩은 가장 기본적인 학습 자료인 교과서를 중심으로 핵심개념을 압축하고 스스로 펼치는 과정에서 '누.구.주' 원리가 적용되는 복습 과정의 가장 중추적인 기술이다. 완시스 리딩은 '개념압축' → '목차정리' → '단권화' → '화이트 점검'의 단계로 진행한다.

## 1단계 - 개념압축

완시스 리딩의 첫 단계인 '개념압축'은 교과서의 핵심개념을 체계적으로 파악하기 위한 전략적인 밑줄 긋기 과정이다. 주로 완시스 사이클의 주기 복습 중 당일복습의 이해 복습 단계에서 개념압축이 이루어진다.

최상위 학습자나 일반 학생이나 모두 교과서에 밑줄을 그으며 공부를 한다. 그러나 최상위 학습자와 일반 학생의 밑줄 긋기는 큰 차이가 있다. 일반 학생들은 중요하지 않은 엉뚱한 내용에 밑줄을 긋거나, 밑줄의 횟수와 주기 등에 대한 아무런 전략 없이 밑줄을 긋는 경우가 많다. 반면 최상위 학습자들은 '누.구.주' 원리가 들어간 체계적인 밑줄 긋기를 통해 핵심 개념을 효과적으로 압축하며 학습의 성과와 완성도를 높여 나간다. 교과서에서 핵심개념을 파악하는 체계적이고 전략적인 밑줄 긋기 방법인 개념압축은 '정독하기' – '연필 긋기' – '색 펜 긋기' – '형광펜 긋기'의 과정으로 이루어진다.

### ● 정독하기

개념압축의 첫 단계는 정독이다. 정독은 말 그대로 교과서에 담긴 모든 단어를 빠짐없이 정확하게 읽으며 밑줄을 표시할 범위를 찾는 과정이다.

교과서 본문뿐만 아니라 날개에 있는 내용이나 보충 자료에 있는 내용들까지도 꼼꼼하게 정독하며 교과서의 전체 내용을 파악한다. 눈으로는 글을 읽고, 머릿속으로는 수업시간에 선생님이 강조했던 부분이나 학습목표에 해당하는 내용을 다시 확인하는 것이 정독 과정에서의 주요 활동이다.

## ● 연필 긋기

연필 긋기 단계에서는 내용을 정독하며 중요하다고 생각하는 부분에 연필로 밑줄 표시를 한다. 연필은 잘못 사용했을 때 지우개로 지울 수 있으므로 틀리게 표시하는 것에 대한 부담을 떨쳐버리고 편안한 마음으로 진행한다. 밑줄을 긋고, 주요 단어에 표시를 하고, 관계들을 화살표로 연결하거나 짧은 메모를 하면서 좀 더 분명히 이해하도록 한다.

밑줄을 그을 때는 자를 대고 반듯하게 긋는 것이 좋다. 이렇게 하면 밑줄 그은 부분을 나중에 여러 번 읽을 때 눈이 부담을 덜 느낀다.

## ● 색 펜 긋기

색 펜 긋기 단계에서는 다시 처음으로 돌아가 연필로 밑줄 그은 부분 위주로 읽는다. 그 이유는 이미 수업을 듣고 정독, 연필 긋기를 거치며 3번 이상 반복해서 구분한 내용이기 때문에 연필로 밑줄을 그은 것만 봐도 한 페이지에서 핵심 내용을 어느 정도 파악할 수 있다. 연필로 표시된 부분 위주로 읽고 그중에서 좀 더 중요하다고 생각되는 내용에 색 펜으로 밑줄을 긋는다.

색 펜 긋기를 한 후에는 색 펜으로 표시된 부분을 다시 읽어봄으로써

색 펜 긋기 과정이 제대로 이루어졌는지를 스스로 점검해 볼 수 있다. 색
펜으로 표시한 부분만 읽으면서 내용이 자연스럽게 연결되면 제대로 색
펜 긋기를 한 것이다.

## ● 형광펜 긋기

형광펜 긋기 단계에서는 다시 처음으로 돌아가 색 펜으로 표시한 부분 위
주로 읽으면서 형광펜으로 핵심단어들을 표시한다. 형광펜 표시를 할 때에
는 눈이 피로해지고 자칫 산만해질 수 있으므로 과도하게 표시하지 않도록
한다.

형광펜 표시가 어려울 경우에는 이미 교과서에 강조가 되어 있는 진한
글씨나 색깔 글씨, 학습목표와 관련된 단어들을 찾아서 표시하면 된다.

[개념압축 1단계 - 정독하기]

[개념압축 2단계 - 연필 긋기]

[개념압축 3단계 - 색 펜 긋기]

[개념압축 4단계 - 형광펜 긋기]

〈한국사 교과서 / 미래엔〉

이와 같은 방법으로 밑줄을 그으며 개념을 압축하게 되면 그 과정 속에서 같은 내용을 반복해서 보는 누적반복, 더 중요한 것과 덜 중요한 것을 구분하는 구분반복, 정독–연필–색 펜–형광펜의 시간 간격을 두어 반복하는 주기반복까지 자연스럽게 '누.구.주 원리'를 적용할 수 있다.

● 개념압축 추가 팁 – 개념 펼치기

정독–연필–색 펜–형광펜의 단계를 거치며 개념압축으로 핵심개념을 파악한 후에는 형광펜으로 표시한 핵심단어들만 빠르게 읽는다. 형광펜 표시 단어들을 눈도장을 찍듯이 빠르게 읽어나가면서 색 펜으로 밑줄 그은 부분과 연필로 밑줄 그은 부분을 떠올리며, 페이지 전체의 내용을 머릿속에서 떠올려 보는 것이다. 이 과정은 그동안 압축한 내용을 핵심 키워드를 중심으로 다시 펼치는 활동이다. 이런 펼치기가 자유롭게 되는 수준에 오르면 시험을 볼 때 마치 머릿속에 교과서를 펼쳐 놓은 것과 같은 경지에 다다를 수 있다.

## 2단계 - 목차정리

완시스 리딩의 두 번째 단계는 교과서의 전체 흐름을 파악하는 '목차정리'이다. 주로 완시스 사이클의 주기복습 중 주말복습 과정에서 한 주간 공부한 내용을 '누.구.주'하면서 목차정리를 한다.

목차정리는 내용의 흐름을 파악할 수 있는 가장 중요한 개념인 '단원명'을 나열하고, 단원별 핵심개념을 정리해 한눈에 전체 흐름을 파악할 수 있는 자료를 만드는 과정이다. 목차정리는 '단원명 적기' – '핵심개념 적기'의 과정으로 이루어진다.

### ● 단원명 적기

단원명은 교과서 맨 앞에 나와 있는 목차를 보고 적으면 된다. 목차에 소단원까지 다 나와 있지 않다면, 교과서의 해당 단원을 찾아 각 단원에 표시되어 있는 단원명을 참고하면 된다.

대단원→중단원→소단원 순서로 단원명을 나열해서 단원 구성을 한눈에 볼 수 있도록 정리한다.

## ● 핵심개념 적기

단원을 나열한 다음에는 각 소단원의 핵심개념들을 기록한다. 핵심개념은 완시스 리딩의 1단계인 개념압축에서 형광펜으로 표시한 내용 위주로 정리하면 된다. 형광펜으로 표시한 단어를 단순 나열하는 것부터 시작해서, 내용을 알아보기 좋게 조금씩 추가하면서 정리하는 것이 좋다.

| 대단원명 | 중단원명 | 소단원명 | 핵심개념 |
|---|---|---|---|
| I. 지구의 구조 | I. 대기권의 구조 | 1. 대기권 | 대기의 구성 성분과 역할 |
| | | | 대기권 조사 방법 |
| | | 2. 대기권의 특징 | 대기권의 공기 분포 |
| | | | 지표 부근의 기온 분포 |
| | | 3 층상구조와 특징 | 대기권의 구분 – 기준, 경계면 |
| | | | 대기권 각 층의 특징 – 대류/성층/중간/열 |
| | 2. 지구 내부의 구조 | 1. 지구 내부 조사 | 지구 내부의 조사 방법 |
| | | | 지진파 분석 |
| | | 2. 지진과 지진파 | 지진 – 진원, 진앙 |
| | | | 지진파 – P파, S파 |
| | | 3. 지구 내부 구조 | 지구 내부에서 지진파의 속도 분포 |
| | | | 지구 내부의 층상구조 – 지각, 맨틀, 핵 |
| | | | 지각의 구조 – 모호면, 대륙지각, 해양지각 |

COPYRIGHT ⓒ KLCC ALL RIGHTS RESERVED

목차정리의 예

## ● 목차정리 추가 팁 – 목차 펼치기

　이렇게 주말마다 목차정리를 한 자료는 펼치기 과정을 통해 대단원만 보고 중단원을 떠올릴 수 있는지, 중단원만 보고 소단원을 떠올릴 수 있는지, 소단원만 보고 핵심개념을 떠올릴 수 있는지를 확인한다. 목차정리 자료 전체가 자유롭게 펼쳐진다면 전체 흐름이 머릿속에 제대로 자리잡혔다고 볼 수 있다.

반복의 미학 누구주

# 3단계 - 단권화

완시스 리딩의 세 번째 단계는 나만의 개념 참고서를 만드는 '단권화'이다. 주로 완시스 사이클의 주기복습 중 시험복습 과정에서 다양한 학습 자료를 공부하면서 하나의 자료에 단권화를 해준다.

단권화는 여러 학습 자료를 한 권에 담아내는 것으로 단권화된 자료 하나만으로 여러 학습 자료를 동시에 '누.구.주' 할 수 있는 아주 강력한 학습기술이다.

## ● 전제 조건

단권화를 위해서는 이전 과정인 예습-수업-복습을 통해 개념을 제대로 이해하는 과정이 충분히 선행되어야 한다. 개념에 대한 이해가 부족할 경우 엉뚱한 내용이나 불필요한 자료를 단권화할 수 있기 때문이다.

## ● 단권화 주 교재 선택

단권화의 주 교재는 보통은 교과서를 사용한다. 수업의 가장 주된 학습 자료로 전반적인 내용을 포함하고 있고, 앞으로도 계속해서 봐야 할 자료이기 때문이다. 과목에 따라서 교과서가 아니라 노트나 참고서를 선택할 수도 있다.

## ● 단권화 진행

공부하는 과정에서 살펴보는 다양한 학습 자료들 중에서 주 교재에 없는 중요한 내용을 주 교재에 추가하며 단권화를 진행해 나간다. 수업에서 사용된 학습지에 주 교재에 없는 내용이 있다면 해당 내용을 주 교재에 추가하고, 참고서를 공부하는데 주 교재에 없는 내용이 있다면 해당 내용을 주 교재에 추가한다. 문제집에서 틀린 문제의 해설을 보며 공부하다가 새롭게 알게 된 사실이 있다면 역시 해당 내용을 주 교재에 추가한다.

단권화를 할 때 필기할 공간이 부족하다면 접착식 메모지를 활용해도 되고, 손으로 쓰거나 그리기 어려운 복잡한 그림이나 표 등은 자료를 복사해 오려붙여 단권화를 진행한다.

## 4단계 - 화이트 점검

완시스 리딩의 마지막 단계는 이렇게 공부한 내용들을 점검하고 확인하여 부족한 개념을 보완하는 '화이트 점검'이다. 주로 완시스 사이클의 주기복습 중 시험복습의 마무리 과정에서 사용할 수 있는 방법이다.

무언가를 지울 때 사용하는 도구인 화이트(수정테이프)를 사용해서 기억을 점검하는 화이트 점검은 다음과 같은 과정으로 진행된다.

## ● 사본 만들기

화이트 점검은 90% 정도 공부가 끝난 과목을 대상으로 한다. 기억이 나지 않을 수 있으므로 원본을 복사한 사본으로 화이트 점검을 진행한다.

## ● 지우기

지금까지 공부하며 파악한 중요한 내용, 기억해야 하는 내용들을 사본에서 화이트로 지운다. 주로 개념압축에서 형광펜으로 표시한 단어들이 화이트로 지우는 대상이다.

## ● 채우기

화이트로 다 지웠다면, 지운 부분을 말로 해 보거나 글자를 써서 복원한다. 이 과정에서 잘 채워지는 것이 있고, 잘 채워지지 않는 것이 있는데 이 과정을 통해 자연스럽게 기억이 남아있는 것과 사라진 것을 구분할 수 있다.

## ● 재 복습

기억이 안 나는 것들은 사라진 기억이므로, 원본 자료를 확인한 다음 집중적으로 재 복습을 해서 기억을 만들어간다.

완시스 리딩 전략을 제대로 활용하게 되면 개념압축, 목차정리, 단권화, 화이트 점검의 각 과정 안에서 뿐만 아니라 전체적인 틀 속에서도 여러 차례의 '누.구.주'가 적용된다. 결국 완시스 리딩을 하는 동안 수십 번의 '누.구.주'를 자연스럽게 진행할 수 있다.

누.구.주의 원리가 적용된 완시스 리딩으로 공부를 하면 수십 번을 체계적으로 반복해서 학습한 후에 시험장에 들어가게 되므로 시험의 결과가 달라질 수밖에 없다.

## ● 기억 쏙쏙 퀴즈

1. 완시스 리딩의 개념압축은 정독하기 – 형광펜 긋기의 2단계로 이루어진다. (○/×)

2. 전체적인 개념의 흐름을 파악하는 '목차정리'는 주로 주말복습 때 진행한다. (○/×)

3. 기억을 점검하는 화이트 점검은 공부가 덜 됐더라도 최대한 빠르게 시도한다. (○/×)

4. 완시스 노트의 (          ) 구간에는 '공부한 내용' 구간에 필기한 내용의 개념 덩이를 찾아서, 그 개념 덩이의 중간 제목을 달아 준다는 마음으로 핵심단어를 찾아서 쓴다.

5. 수업 중에 선생님의 설명을 들으면서 얻게 되는 기억의 단서가 있을 경우, 또는 복습을 하다가 따로 메모할 개인적인 생각, 기억할 사항들은 완시스 노트의 (          )구간에 기록한다.

## ● 완시스 수업일기

| 1교시: 반복의 3원칙 누.구.주 | 2교시: 완시스 사이클 |
|---|---|
| 누적반복 – 기억형성<br>구분반복 – 기억점검<br>주기반복 – 기억유지 | 흥미예습 – 영화예고편, 그지도사, 진한글씨, 색깔글씨<br>적극수업 – 눈 부릅, 귀 쫑긋,<br>　　　　　　　머리 끄덕, 입 아~, 손 번쩍<br>주기복습 – 당일, 주말, 시험, 방학<br>완벽시험 – 시험 전략 세우기, 시기별 시험 학습전략 |
| 3교시: 완시스 노트 | 4교시: 완시스 리딩 |
| 수업 내용 : 들여쓰기, 요약, 글씨체, 필기구 조합<br>주요 개념 : 중간 제목<br>추가 메모 : 기억 단서<br>요약정리 : 2번 이상 복습 | 개념압축 : 정독, 연필, 색 펜, 형광펜<br>목차정리 : 단원명 적기, 핵심개념 적기<br>단권화 : 메인교재 선택, 단권화 진행<br>화이트점검 : 사본 만들기, 지우기, 채우기, 재 복습 |

# ● 완시스 목차정리

| 대단원명 | 중단원명 | 소단원명 | 핵심개념 |
|---|---|---|---|
| | | | | 년  학기  과목명 |
| 학습원리 | 반복의3원칙 누.구.주 | 누적반복 | 계단을 오르듯, 기억형성 |
| | | 구분반복 | 남아있는 기억 VS 사라진 기억, 기억점검 |
| | | 주기반복 | 에빙하우스 망각곡선, 기억유지 |
| 학습기술 | 완시스 사이클 | 흥미예습 | 영화 예고편, 그,지,도,사. |
| | | 적극수업 | 눈 부릅, 귀 쫑긋 |
| | | | 머리 끄덕, 입 아~, 손 번쩍 |
| | | 주기복습 | 당일, 주말, 시험, 방학 |
| | | 완벽시험 | 시험전략세우기, 시기별시험학습전략 |
| | 완시스 노트 | 수업내용 | 들어쓰기, 요약, 글씨체, 필기구조합 |
| | | 주요개념 | 중간 제목 |
| | | 추가메모 | 기억 단서 |
| | | 요약정리 | 2번이상 복습 |
| | 완시스 리딩 | 개념압축 | 정독-연필-색펜-형광펜 |
| | | 목차정리 | 단원명적기, 핵심개념적기 |
| | | 단권화 | 메인교재선택, 단권화 진행 |
| | | 화이트 점검 | 사본만들기-지우기-채우기-재복습 |

KLCC 한국학습코칭센터
KOREA LEARNING COACHING CENTER

정답

◆ 기억 쏙쏙 퀴즈 정답 ◆

1. X (개념압축은 정독하기-연필 긋기-색 펜 긋기-형광펜 긋기의 4단계로 진행한다.)

2. O (목차정리는 한 주간 공부한 내용을 누적반복하며 주로 주말복습 때 진행한다.)

3. X (화이트 점검은 90% 이상 공부가 된 과목을 대상으로 시험복습 때 진행한다.)

4. 완시스 노트의 (주요개념) 구간에는 '공부한 내용' 구간에 필기한 내용의 개념 덩이를 찾아서, 그 개념 덩이의 중간 제목을 달아 준다는 마음으로 핵심단어를 찾아서 쓴다.

5. 수업 중에 선생님의 설명을 들으면서 얻게 되는 기억의 단서가 있을 경우, 또는 복습을 하다가 따로 메모할 개인적인 생각, 기억할 사항들은 완시스 노트의 (추가 메모) 구간에 기록한다.

반복의 미학 누구주

# 05  궁극의 기억전략, '완시스 카드'

**Q** 암기가 어렵고 잘 안 외워지는데 좋은 방법이 있을까요?

**A** 많은 학생들이 공부할 때 가장 힘들어하는 것이 바로 암기다. 그러나 반복의 3원칙 누.구.주를 활용하여 암기를 마치 게임처럼 할 수 있는 '완시스 카드'를 익힌다면 지능지수에 상관없이 누구나 암기의 달인이 될 수 있다.

카드라는 도구는 누구나 한번쯤 사용해 본 경험이 있을 것이다. 명함 정도의 크기로 대략 50~100장 정도의 속지가 있으며 한쪽에 구멍이 뚫려있고 보통 플라스틱 링으로 묶여 있어 들고 다니면서 무언가를 보기에 적당한 학습도구다. 이 카드를 이용해 최상위 학습자들 중 상당수가 무언가를 기억하는 데 엄청난 효과를 얻었다고 한다.

카드는 구하기 힘든 학습 도구가 아니다. 얼마든지 문구점에서 다양한 종류의 카드를 구매해 누구든지 자신의 공부에 적용할 수 있다. 그런데 입을 모아 카드를 사용해서 좋은 학습결과를 얻었다고 말하는 최상위 학습자들과는 달리 일반 학생들 중에서는 카드를 사용하는 학생들을 찾기가 쉽지 않았다. 그 이유는 첫째, 카드가 주는 효과를 제대로 경험하지 못했고, 둘째, 카드의 활용법을 제대로 알지 못하기 때문이다.

## 완시스 카드의 3가지 효과

왜 하나같이 최상위 학습자들은 카드 학습을 예찬하는가? 그들은 카드
학습의 효과를 학습의 결과를 통해 경험했기 때문이다. 그 효과는 크게 세
가지로 정리할 수 있다.

첫 번째, 공부를 게임처럼 만들어주는 효과가 있다.
사람이 게임에 빠지는 이유는 그 안에 담긴 중독성 때문이다. 그러면
무엇이 그러한 중독성을 만드는가? 바로 게임 속에 존재하는 '명쾌하고
단순한 규칙'과 이 단순한 규칙 대로 다양한 미션을 수행할 때 얻게 되는
'반복적인 성취감'이 게임에 몰입하고 중독되게 만드는 원인이다.

흥미로운 사실은, 카드 학습에도 게임과 같은 중독성의 규칙이 있다는
것이다. 그래서 카드를 가지고 공부를 하면 어느 순간 마치 게임을 하는
것과 같은 착각에 빠져들게 되고 자신도 모르게 카드 학습에 몰입하게 된
다. 완시스 카드 학습법을 경험한 학생들은 하나같이 게임을 하는 것처럼
재미있다는 반응을 보인다. 이처럼 완시스 카드는 학습에 대한 흥미를 빨
리 느끼게 해주어 공부에 흥미가 없던 학생도 효과를 크게 볼 수 있는 학
습기술이다.

두 번째, 암기 시간이 대폭 단축된다.
카드 학습은 기억의 효과를 높여주는 '누.구.주'의 원리가 그대로 적용
되어 짧은 시간에 기억 능력을 최대한으로 끌어올릴 수 있다. 그래서 무

언가를 빠르게 기억해내고 학습 성과를 만들어냈다는 성취감과 자신감을 느낄 수 있어 공부가 더 재미있고 즐겁게 된다.

세 번째, 휴대하는 것이 편해 자투리 시간에 사용하기 좋다.

시중에 나와 있는 카드는 크기가 다양하지만 보통은 명함 정도의 크기로, 작고 간편해서 주머니에 넣거나 휴대하고 다니기 좋다. 그런 이유로 항상 가지고 다니면서 등하교 시간, 급식 줄을 서서 기다리는 시간, 쉬는 시간 등을 이용해서 시간이 날 때마다 무언가를 암기할 수 있다. 그래서 카드를 적극적으로 사용하는 최상위 학습자들은 이 카드를 이용해 시험범위의 암기해야 할 개념들을 평소 자투리 시간에 상당부분 미리 암기를 해둔다.

| 완시스 카드의 3가지 효과 | | |
| --- | --- | --- |
| 공부를 게임처럼 만들어준다 | 암기 시간이 대폭 단축된다 | 휴대하기 간편해 자투리 시간을 활용하기 좋다 |

이러한 완시스 카드 효과를 제대로 얻기 위해서는 카드의 규칙을 제대로 알고 활용하는 것이 매우 중요하다.

## 완시스 카드 절대 규칙 1 - '누.구.주'

첫 번째 규칙은 지금까지 지속적으로 언급했던 '반복의 3원칙 누.구.주'이다.

① 누적반복
② 구분반복
③ 주기반복

단순한 학습도구인 카드가 반복의 3원칙, 누.구.주와 어우러져 강력한 학습기술인 '완시스 카드'로 진화하게 된다. 각각의 규칙을 살펴보며 완시스 카드의 활용법을 자세히 배워보자.

## ● 누적반복 – 계단을 오르듯 기억 쌓아올리기

　학습한 내용을 튼튼한 기억으로 남기기 위해 누적반복을 해야 하는 것처럼, 카드에 담긴 개념들을 잘 기억하기 위해서도 역시 누적반복 방법으로 암기를 해야 한다. 앞서 암기한 기억이 사라지기 전에 계단을 오르듯이 쌓아가며 재 반복을 해주는 누적반복의 원리를 카드 학습에 그대로 적용한다.

　카드를 다섯 장 암기한다면, 먼저 1번 카드를 암기한다. 다음 2번 카드를 암기할 때 1번 카드를 다시 보고, 이어서 2번 카드를 암기한다. 3번 카드를 암기할 때에는 1, 2번 카드를 다시 보고, 이어서 3번 카드를 암기한다. 4번 카드를 암기할 때 1, 2, 3번 카드를 다시 보고 이어서 4번 카드를 암기한다. 누적 횟수는 3~5회 정도로 조절하며 아래의 그림과 같이 마치 계단을 오르듯이 반복하면 된다.

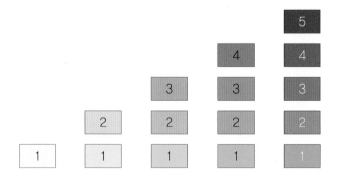

반복의 미학 누구주

## ● 구분반복 − 기억점검으로 완벽한 기억 만들기

　누적반복으로 기억을 만들었다면 두 번째 규칙인 구분반복으로 이 기억이 제대로 남아있는지를 점검하고 사라진 기억이 있다면 반복해서 기억을 되살려야 한다. 누적반복으로 암기한 카드의 앞면을 보고 뒷면이 떠오르면 기억이 남아있는 카드이고, 앞면을 보고도 뒷면이 떠오르지 않으면 기억이 사라진 카드다. 카드를 구분할 때 기억이 남아있는 카드는 오른쪽, 기억이 사라진 카드는 왼쪽으로 확실히 위치를 나누도록 한다. 카드를 구분한 다음에는 왼쪽으로 구분한 카드, 즉 기억이 사라진 카드를 다시 반복해서 기억을 복원시킨다.

　기억이 나는 카드와 기억이 나지 않는 카드를 구분하고 기억이 나지 않는 카드를 복습해서 다시 기억하는 과정을 반복하면 기억나지 않는 카드의 양이 점점 줄어들게 된다. 그러면 암기에 소요되는 시간이 절대적으로 감소하게 된다.

　이렇게 반복할 때 게임의 요소가 들어가면 더 재미있게 학습할 수 있다. 그것은 최종 점검을 파트너와 함께하는 '파트너 학습'이다. 파트너 학습은 내가 암기한 카드를 친구나 가족 등의 파트너에게 주어 파트너가 나에게 문제를 내는 방식으로 진행하는데, 진행과정이 마치 스피드 퀴즈 게임 같은 느낌이 들어 무척 재미있게 점검을 할 수 있다.

### ● 주기반복 – 시간의 간격을 두고 재 반복해서 장기기억 만들기

중요한 것은 누적반복, 구분반복으로 잘 외웠다고 하더라도, 그 기억마저도 빠르게 사라질 수 있으므로 기억을 오랫동안 유지하기 위해서는 반드시 주기반복이 필요하다.

시간 간격을 늘려가며 반복을 해주는 주기반복의 원리에 따라 암기한 당일에 다시 한 번 반복을 해주고, 주말에 반복, 시험기간에 반복, 월말에 반복, 방학 때 반복을 하는 방법으로 5회 이상 주기적으로 카드를 반복학습 해준다. 주기적으로 반복하는 동안 자연스럽게 누적반복과 구분반복이 추가로 이루어지면서 강력한 기억을 오랫동안 유지할 수 있게 된다.

### 완시스 카드 절대 규칙 2 – 한 장의 카드에는 하나의 내용만

그렇다면 이렇게 강력한 효과를 자랑하는 카드는 무엇을 암기할 때 사용할 수 있는가? 기본적으로 영어 단어를 암기하는 것을 포함하여 한자능력검정시험을 준비하거나 한문 과목을 공부할 때 필요한 한자 암기에도 적용할 수 있다. 어휘뿐만 아니라 수학이나 사회, 과학, 국어 등의 모든 교과목 개념들도 카드를 이용해서 암기할 수 있다.

다양한 내용을 카드로 암기하기 위해서는 카드를 만들어야 하는데 그때 반드시 지켜야 할 절대 규칙이 있다. 그것은 바로 '한 장의 카드에 하나의 내용만을 담는' 것이다.

　학습 카드를 만들 때 종이를 아끼겠다는 생각으로 한 장의 카드에 여러 개의 단어나 개념을 적는 학생들을 많이 볼 수 있다. 하지만 카드에 기억해야 할 것이 한 개 이상이 되는 순간, 카드의 효과는 사라지기 때문에 한 장의 카드에는 반드시 하나의 내용만 넣는 것을 절대 규칙으로 지켜야 한다. 철저하게 한 장의 카드에는 하나의 내용만이 담기도록 카드의 앞면에는 단어나 문제, 뒷면에는 뜻이나 답을 적는 방식으로 카드를 만들어야 한다.

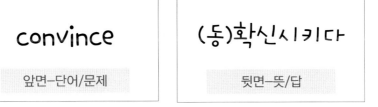

한 장의 카드엔 하나의 내용만

# 완시스 카드 절대 규칙 3

앞서 살펴본 두 가지 카드 규칙만 잘 지켜도 효과적이지만, 여기에 세 번째 카드 규칙을 더하면 더욱 강력하고 효율적인 학습전략으로 진화하게 된다.

## ● 순방향 암기 이후에는 역방향 암기

기본적인 암기 방법은 앞면을 보고 뒷면을 기억하는 순방향 암기다. 이 순방향 암기로 기억을 튼튼하게 만들었다면, 다음에는 뒷면을 보고 앞면을 기억하는 역방향 암기를 해 볼 수 있다. 순방향이 1단계, 역방향을 2단계로 생각하면 된다. 단어 카드라면, 순방향으로 앞면의 단어를 보고 뒷면의 뜻을 암기했다면, 역방향으로 뒷면의 뜻을 보고 앞면의 단어를 기억해 보는 방법이다.

영어나 한자 같은 경우에는 직접 쓸 수도 있어야 하기 때문에 카드 뒷면의 뜻을 보며 카드 앞면의 영어 단어 스펠링을 떠올리고, 카드 뒷면의 한자 훈음을 보고 카드 앞면의 한자를 떠올리면 보다 확실한 기억을 만들 수 있다.

교과 개념으로 만든 질문 카드라면, 순방향으로 앞면의 질문을 보고 뒷면의 답을 암기했다면, 역방향으로 뒷면의 답을 보고 앞면의 질문을 서술해 보는 것이다. 이 방법은 카드의 내용을 보다 확실하게 기억할 수 있을 뿐만 아니라 서술형 평가에도 뛰어난 효과가 있다.

## ● 카드로 기억나지 않는 단어는 쓰면서 암기

카드의 가장 큰 장점 중 하나는 눈으로만 암기해도 대부분은 암기가 끝난다는 것이다. 그런데 눈으로 기억해서는 기억이 잘 만들어지지 않는 카드 내용이 있다. 이렇게 눈으로만 반복해서는 기억하기 어려운 카드 내용은 따로 구분해 별도로 모아놓고 쓰면서 암기를 하도록 한다.

기억을 만드는 데는 다양한 전략이 있다. 완시스 카드만으로 모든 것을 완벽하게 기억할 수 있는 것은 아니다. 다만 효과적으로 기억을 만드는 데 카드만한 도구가 없다는 것이다. 완시스 카드를 적극 활용하면서 추가적인 기억전략들을 하나씩 더해 가면 학습 성과와 자신감을 극대화할 수 있는 나만의 기억전략을 만들 수 있게 될 것이다.

## 완시스 카드 활용 추가 팁

## ● 완시스 암기카드통

완시스 카드 학습의 주기반복을 좀 더 효율적으로 할 수 있는 방법이 있는데 바로 오스트리아의 세바스티안 라이트너가 고안한 카드 박스를 활용하는 것이다. 유럽을 비롯한 영어권 국가에는 몇 개 국어를 하는 사람들이 많다. 언어구조가 비슷하기 때문에 단어만 외우면 쉽게 4개 국어, 5개 국어를 익힐 수가 있다. 그래서 이들에게는 어휘학습이 보편화되어 있는데, 이때 많은 사람들이 이 카드 박스를 활용하여 어휘학습을 한다.

라이트너의 카드 박스를 일부 수정하여 좀 더 간편히 활용할 수 있도록 만든 것이 '완시스 암기카드통'이다.

완시스 암기카드통의 구조는 간단하다. 칸막이로 칸이 나뉘어져 있는데 각 칸의 크기가 다른 것이 특징이다. 맨 앞쪽에 있는 1번 칸은 칸의 크기가 좁고 뒤로 갈수록 칸의 크기가 넓다. 그래서 칸이 넓을수록 카드를 채우는 시간이 길어진다. 칸을 채우다 보면 저절로 반복의 주기가 늘어나고 계속 채우다 보면 점점 주기가 늘어나니까 주기반복도 자연스럽게 이루어질 수 있는 시스템이다.

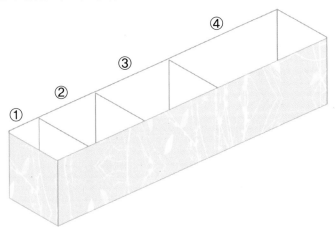

완시스 암기카드통을 활용하는 요령은 다음과 같다.

카드를 가지고 다니면서 누적반복, 구분반복으로 암기를 한다. 암기를 다 한 카드는 가장 먼저 1번 칸에 넣는다. 그러면 1번 칸은 금방 차게 된다. 시간이 어느 정도 흘러 칸이 70~80% 정도 찼다면, 1번 칸에 있는 카드를 꺼내어 기억이 남아있는지 확인을 하고 구분한다. 1번 칸에 있는 카드들을 기억이 남아있는 카드와 사라진 카드로 구분한 다음에 기억이 남아있는 카드들은 2번 칸에 넣는다. 기억이 사라진 카드는 반복해서 재 암기하고 1번 칸에 그대로 넣는다.

이렇게 몇 번 반복하면 2번 칸이 70~80% 정도 채워진다. 1번 칸보다는 시간이 좀 더 걸리게 된다. 2번 칸이 70~80% 채워지면, 카드를 꺼내 동일한 방법으로 기억이 남아있는 것과 사라진 것을 구분하고, 기억이 남아있는 카드는 3번 칸에 넣는다. 2번 칸의 카드 중 기억이 사라진 카드들은 새로운 카드와 다를 바가 없다. 새로운 카드는 다시 1번 칸에 넣는다. 즉, 기억이 사라진 카드들은 고민하지 말고 1번 칸에 넣으면 된다.

방법은 간단하다. 어느 칸에서 카드를 꺼냈든지 상관없이 카드를 구분할 때 기억이 남아있으면 다음 칸으로, 기억이 사라졌으면 무조건 1번 칸으로 넣는다. 뒤로 가면 갈수록 칸이 채워지는 데 시간이 더 걸리고, 자동으로 주기가 길어지기 때문에 칸을 채우는 재미로 계속하다 보면 어느새 기억할 대상의 주기반복이 이루어지고 장기기억으로 남게 된다.

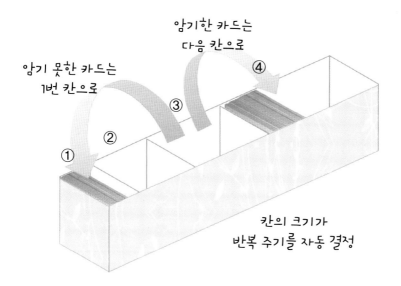

그런데 카드를 부지런히 만들면 적정 주기로 반복이 이루어지는데, 카드를 만드는 양이 적으면 문제가 발생한다. 카드가 적으니 칸이 채워질 때까지 시간이 지나치게 오래 걸리게 되므로 다음 반복이 일어날 때까지

망각이 너무 많이 진행돼서 효과를 볼 수 없다. 그럴 때는 칸 별로 아예 주기를 정해 놓고 하는 것이 좋다. 카드의 양과 상관없이 주기를 딱 정해 놓고, 가장 앞쪽은 2~3일에 한 번씩, 두 번째 칸은 1주일에 한 번씩, 세 번째 칸은 2주일에 한 번씩, 그리고 네 번째 칸은 한 달에 한 번씩 확인하는 방법이다. 이렇게 반복의 주기를 정해 놓으면 카드의 양과는 상관없이 열 장이든 스무 장이든 그 기간이 되면 꺼내서 확인만 해주면 항상 일정한 타이밍에 반복할 수 있기 때문에 기억을 유지하는 데 효과적이다.

학교에서 적용할 때는 교실 뒤편에 카드통을 두고, 담임교사의 진행에 따라 단체로 주기적인 암기를 하면, 학급 단위로도 암기훈련을 자연스럽게 진행할 수 있다. 가정에서 적용한다면, 학부모가 카드통을 확인하고 특정 칸의 암기 여부를 확인해야 하는 날이라면, 앞서 소개한 파트너 학습을 이용해서 자녀와 카드를 확인하며 주기반복을 하면 된다.

### ● 고리식, 지갑식 휴대 방법

카드는 휴대성이 좋아서 자투리 시간을 활용하기에 좋다. 카드를 휴대할 때는 고리에 묶어 가지고 다니면 이동할 때 카드가 흩어지는 것을 방지해 휴대성을 더욱 높일 수 있다.

구분의 효과를 높이려고 한다면 칸이 나뉘어진 지갑을 활용할 수도 있다. 한쪽 칸에 암기해야 할 카드를 넣

칸이 나뉘어진 지갑

고 다니며 수시로 암기 여부를 확인하고, 암기한 카드는 지갑의 다른 칸으로 옮겨서 구분한다. 지갑의 암기한 칸으로 구분한 카드는 귀가 후에 완시스 암기카드통으로 옮겨서 꾸준히 주기반복을 해준다.

● **단체 카드 암기 및 활용 방법**

카드는 혼자서 암기할 수도 있지만, 학교에서 모둠을 구성하거나 그룹스터디를 하면서 단체로 암기할 수도 있다. 모둠 구성원들이 카드를 나눠 갖고 각자 나눠 가진 카드를 암기한다. 암기한 카드는 다음 순서의 모둠원에게 전달하고, 본인은 이전 순서의 모둠원으로부터 새로운 카드를 전달받아 암기한다. 모든 모둠원이 모든 카드를 암기할 때까지 순서대로 전달하면서 암기를 계속한다.

① 서로 다른 카드를 10장씩 나눠 가진다.
② 각자의 카드를 암기한다.
③ 10장을 다 암기하면 다음 순서의 사람에게 넘긴다.
④ 전달받은 10장의 카드를 암기한다.
⑤ 처음의 카드가 돌아올 때까지 ②~③의 과정을 반복하며 모든 카드를 암기한다.

교실의 학생들이 모두 같은 내용의 카드를 암기했다면, 수업시간에 교사가 단체로 학생들의 카드 암기 여부를 확인하며 수업에 활용할 수도 있다. 학생들이 각자 카드를 암기한 후에 교사가 교실 앞 화면에 카드 앞면의 문제 이미지를 띄우거나, 카드 앞면의 문제를 구두로 물어보면 학생들은 자신들이 기억한 카드 뒷면의 답을 맞춘다. 교사는 학생들의 답을 통해 기억 여부를 확인하고, 필요할 경우 해당 개념에 대한 보충 설명을 하는 것으로 수업에 활용할 수 있다.

## 누구주 코너

### ● 기억 쏙쏙 퀴즈

1. 카드는 종이를 아끼기 위해 한 장에 최대한 많은 내용을 넣는다. (O/×)
2. 완시스 카드를 만들 수 있는 것은 영어 단어뿐이다. (O/×)
3. 완시스 암기카드통에서 못 외운 카드는 원래 있던 칸으로 다시 옮긴다. (O/×)
4. 개념압축의 첫 단계는 (            )이다. 교과서에 담긴 모든 단어를 빠짐없이 정확하게 읽으며 밑줄을 표시할 범위를 찾는 과정이다.
5. 나만의 개념 참고서를 만드는 (            )는 여러 학습 자료를 한 권에 담아내서 자료 하나만으로 여러 학습 자료를 동시에 학습할 수 있는 효과적인 학습전략이다.

반복의 미학 누구주

## ● 완시스 수업일기

| 1교시: 반복의 3원칙 누.구.주 | 2교시: 완시스 사이클 |
|---|---|
| 누적반복 - 기억형성<br>구분반복 - 기억점검<br>주기반복 - 기억유지 | 흥미예습 - 영화예고편, 그지도사, 진한글씨, 색깔글씨<br>적극수업 - 눈 부릅, 귀 쫑긋,<br>　　　　　　　머리 끄덕, 입 아~, 손 번쩍<br>주기복습 - 당일, 주말, 시험, 방학<br>완벽시험 - 시험 전략 세우기, 시기별 시험 학습전략 |
| 3교시: 완시스 노트 | 4교시: 완시스 리딩 |
| 수업 내용 : 들여쓰기, 요약, 글씨체, 필기구 조합<br>주요 개념 : 중간 제목<br>추가 메모 : 기억 단서<br>요약정리 : 2번 이상 복습 | 개념압축 : 정독, 연필, 색 펜, 형광펜<br>목차정리 : 단원명 적기, 핵심개념 적기<br>단권화 : 메인교재 선택, 단권화 진행<br>화이트점검 : 사본 만들기, 지우기, 채우기, 재 복습 |
| 5교시: 완시스 카드 | |
| 누적반복 : 암기 + 누적 확인<br>구분반복 : 외운 것과 못 외운 것 구분<br>주기반복 : 완시스 암기카드통<br>카드 만들기 : 한 장의 카드엔 하나의 내용만 | |

# ● 완시스 목차정리

| | 년 학기 과목명 | |

| 대단원명 | 중단원명 | 소단원명 | 핵심개념 |
|---|---|---|---|
| 학습원리 | 반복의3원칙 누.구.주 | 누적반복 | 계단을 오르듯, 기억형성 |
| | | 구분반복 | 남아있는 기억 VS 사라진 기억, 기억점검 |
| | | 주기반복 | 에빙하우스 망각곡선, 기억유지 |
| | | | |
| 학습기술 | 완시스 사이클 | 흥미예습 | 영화 예고편, 그.지.도.사. |
| | | 적극수업 | 눈 부릅, 귀 쫑긋 |
| | | | 머리 끄덕, 입 아~, 손 번쩍 |
| | | 주기복습 | 당일, 주말, 시험, 방학 |
| | | 완벽시험 | 시험전략세우기, 시기별시험학습전략 |
| | | | |
| | 완시스 노트 | 수업내용 | 들어쓰기, 요약, 글씨체 ,필기구조합 |
| | | 주요개념 | 중간 제목 |
| | | 추가메모 | 기억 단서 |
| | | 요약정리 | 2번이상 복습 |
| | | | |
| | 완시스 리딩 | 개념압축 | 정독-연필-색펜-형광펜 |
| | | 목차정리 | 단원명적기, 핵심개념적기 |
| | | 단권화 | 메인교재선택, 단권화 진행 |
| | | 화이트 점검 | 사본만들기-지우기-채우기-재복습 |
| | | | |
| | 완시스 카드 | 누적반복 | 암기 + 누적 확인 |
| | | 구분반복 | 외운 것과 못 외운 것 구분 |
| | | 주기반복 | 완시스 암기카드들 |
| | | 카드만들기 | 한 장의 카드에는 하나의 내용만 |

KLCC 한국학습코칭센터
KOREA LEARNING COACHING CENTER

반복의 미학 누구주

## ● 완시스 카드

| | 누.구.주 학습원리 | KLCC 한국학습코칭센터 | | | | | | | | |
|---|---|---|---|---|---|---|---|---|---|---|
| 과목 | 단원명 | | | | | | | | | |

효과적인 반복의 3원칙은 무엇인가요?

KLCC 한국학습코칭센터
KOREA LEARNING COACHING CENTER

http://klcc.or.kr    Tel. 1666-0935

---

과목    단원명    **완시스 사이클**

KLCC 한국학습코칭센터

다음 빈칸에 알맞은 말을 쓰시오.
(   )예습-적극수업-(   )복습

KLCC 한국학습코칭센터
KOREA LEARNING COACHING CENTER

http://klcc.or.kr    Tel. 1666-0935

---

과목    단원명    **완시스 리딩**

KLCC 한국학습코칭센터

개념압축의 4단계 중
다음 빈칸에 들어갈 말은 무엇일까요?
정독하기-(   )긋기-(   )긋기-형광펜 긋기

KLCC 한국학습코칭센터
KOREA LEARNING COACHING CENTER

http://klcc.or.kr    Tel. 1666-0935

---

**정답**

◆ **기억 쏙쏙 퀴즈 정답** ◆

1. X (카드는 암기한 카드를 구분하기 위해 한 장에 하나의 내용만 넣는다.)

2. X (카드의 기본 원리만 알고 있다면, 영어 단어뿐 아니라 내가 외우고자 하는 모든 내용을 카드로 만들 수 있다.)

3. X (완시스 암기카드통에서 못 외운 카드는 새로운 카드와 마찬가지로 첫 번째 칸에 넣는다.)

4. 개념압축의 첫 단계는 (정독하기)이다. 교과서에 담긴 모든 단어를 빠짐없이 정확하게 읽으며 밑줄을 표시할 범위를 찾는 과정이다.

5. 나만의 개념 참고서를 만드는 (단권화)는 여러 학습 자료를 한 권에 담아내서 자료 하나만으로 여러 학습 자료를 동시에 학습할 수 있는 효과적인 학습전략이다.

◆ **완시스 카드 정답** ◆

1. 누적반복, 구분반복, 주기반복

2. 흥미, 주기

3. 연필, 색 펜

# 06 공부 경영의 첫걸음, '완시스 플래닝'

**Q** 계획을 관리하려고 플래너를 처음 쓸 때는 의욕이 불타올랐지만 시간이 지날수록 잘 안 쓰게 됩니다. 계획을 잘 세우고 지키려면 어떻게 해야 할까요?

**A** 무작정 세우는 높은 목표, 달성하기 힘든 계획은 실천을 어렵게 만든다. 플래닝은 단순히 '계획'을 세우는 것이 아니라 그것을 완성해가는 과정이므로 보다 구체적인 준비와 방법이 필요하다. '완시스 플래닝'의 단계적인 플래닝 전략은 효과적인 계획 관리를 뛰어넘어 공부를 경영하고 인생을 경영할 수 있도록 만들어졌다.

공부의 효율과 성과를 더욱 높이기 위해서는 이해, 필기, 기억의 기술뿐만 아니라 좀 더 몰입해서 공부할 수 있도록 목표를 설정하고, 시간을 효율적으로 사용할 수 있는 관리의 기술이 필요하다. 목표와 시간을 계획plan적으로 관리하는 기술을 '플래닝planning'이라고 한다. 플래닝이란 '계획'을 세우는 것뿐 아니라, 계획을 '실행'하고 그 결과를 '평가'해서 다음 계획을 '수정 보완'해 점점 발전시켜 나가는 일련의 과정을 말한다.

'플래닝'은 자기주도학습 체계를 발전시키기 위해 갖춰야 하는 중요한 기술이다. 그 중요성 때문에 시중에는 '플래닝'을 도와주기 위한 도구인 '플래너'가 다양하게 출시되어 있다.

현재 전국 각지의 학교와 교육기관에서는 자체적으로 '플래너'를 제작하여 학생들에게 보급하고, 학생들이 '플래너'를 활용하여 '플래닝'을 함으로써 자기주도학습을 하도록 독려하고 있다.

그런데 정작 학생들은 '플래너' 쓰는 것을 어려워해 제대로 사용하지 못하는 경우가 많다. 한 조사에 따르면 플래너를 지속적으로 사용하는 학생은 6.3%에 불과하고, 72%는 형식적이거나 거의 활용하지 않는다고 한다. 왜 이런 문제들이 발생하는지에 대해 깊이 고민하고 살펴본 결과 근본적인 이유를 찾을 수 있었다. 바로 플래닝을 위한 조건들이 제대로 갖춰져 있지 않았다는 것이다.

## 플래닝의 전제 조건

### ● 완시스 사이클 습관

제대로 된 플래닝이 이루어지기 위해서는 먼저 기본적인 예습-수업-복습의 '완시스 사이클' 습관이 갖춰져 있어야 한다. 그중 가장 중요한 것이 복습 습관인데 특별히 복잡한 계획을 세우지 않아도 기본 복습 습관만 갖춰져 있다면 학습 관리의 큰 틀을 마련할 수 있기 때문이다.

기본적인 예습-수업-복습의 습관을 유지할 수 있을 정도의 학습 성품과 체력이 있어야 계획을 세웠을 때 그 계획을 지킬 수 있는 힘이 생긴다. 하지만 대부분의 학생들은 그 기본을 제대로 갖추지 못하고 있다. 학교 계획을 세운다고 해도 수업 내용을 복습하기도 어려운 학생이 그 계획을 실천할 확률은 매우 낮을 수밖에 없다. 그러므로 우선은 학교 수업을 중심으로 예습-수업-복습의 완시스 사이클 습관을 먼저 갖추도록 훈련을 하는 것이 필요하다.

## ● 기록 습관

플래너는 자신의 목표와 시간을 관리하기 위한 계획을 기록해 눈으로 보면서 현재 상태와 앞으로 해야 할 일을 좀 더 쉽게 파악하도록 도와주는 도구이다. 이 플래너를 제대로 사용하려면 수시로 현재 상태와 미래 계획을 기록하는 습관이 필요하다. 기록 습관을 갖추기 위해서는 기본적으로 필기하는 습관과 노트 정리의 습관이 갖춰져야 한다. 평소에 쓰는 공부를 하지 않아 기록 습관이 갖춰져 있지 않은 학생들은 플래너를 활용한 플래닝 역시 성공하기 어렵다. 그러므로 우선은 기본적인 기록 습관을 갖출 수 있도록 완시스 노트를 사용한 체계적인 필기훈련을 하는 것이 좋다.

## ● 스톱워치 활용 습관

플래닝을 전략적으로 활용하기 위해서는 자신을 둘러 싼 '시간'을 객관적으로 인식하고, 그 시간을 효율적으로 사용할 수 있는 '시간 감각'이 필요하다. 이 '시간 감각'을 기르기 위해서는 시간을 객관적으로 측정하고 파악할 수 있는 도구인 '스톱워치'를 잘 활용할 수 있어야 한다. 스톱워치는 스마트폰에도 기본적으로 포함되어 있는 기능이고, 시중에서도 저렴한 가격에 쉽게 구매할 수 있다. '스톱워치'를 활용하여 공부시간을 측정하고, 공부속도를 계산하고, 제한된 시간 내에 목표를 끝내는 다양한 과정 속에서 '시간 감각'이 길러진다.

이 3가지 전제 조건의 기본 역량과 습관이 갖춰져야만 플래너를 제대로 활용할 수 있고, 플래닝이 제대로 이루어질 수 있다. 하지만 많은 학생들이 이 전제 조건을 갖추지 못해 플래닝에 어려움을 느끼는 것이다. 플래닝을 제대로 실천하고 관리하는 습관을 몸에 익히고자 한다면 지금까지 소개했던 학습전략들을 훈련하고 동시에 앞으로 소개할 단계적 플래닝 기술들도 훈련해야 한다.

## 1단계 – 플래닝 기초체력 만들기

### ● 고정 일정 파악하기

플래닝 1단계는 앞으로의 시간이 어떻게 흘러갈 것인지 큰 그림을 그리기 위해서, 먼저 고정 일정을 파악하는 것부터 시작해야 한다. 고정 일정은 자신이 바꿀 수 없거나 바꾸지 않을 고정된 시간이다. 이러한 고정 일정을 감안하여 계획을 세워야 현실적인 계획을 세울 수 있다.

눈에 잘 띄는 탁상용 달력이나 플래너의 월간 달력 부분, 또는 스마트폰의 일정 관리 기능 등을 활용해 월간 고정 일정을 표시한다. 월간 고정 일정은 주로 학사 일정이나 모임 일정, 가족 일정 등이다.

| ( 10 )월 고정 일정 | | | | | | |
|---|---|---|---|---|---|---|
| | 일 | 월 | 화 | 수 | 목 | 금 | 토 |
| 1주 | | | | 1 | 2 | 3 | 4<br>가족여행 |
| 2주 | 5<br>가족여행 | 6 | 7 | 8 | 9 | 10 | 11 |
| 3주 | 12 | 13 | 14 | 15<br>임원 수련회 | 16 | 17 | 18 |
| 4주 | 19 | 20<br>발명 대회 | 21 | 22 | 23 | 24 | 25 |
| 5주 | 26 | 27 | 28 | 29<br>중간고사<br>1일차 | 30<br>중간고사<br>2일차 | 31<br>중간고사<br>3일차 | |

주간 고정 일정은 요일별 시간 단위로 파악을 한다. 주간 고정 일정은 학교 수업이나 학원 수업, 종교 활동 시간 등이다. 또한 공부를 할 수 없는 생활시간, 즉 수면시간이나 식사시간 등도 포함한다.

주간 고정 일정은 별도의 요일별 시간표를 만들어주는 방식으로 표시를 해 두면 더 좋다.

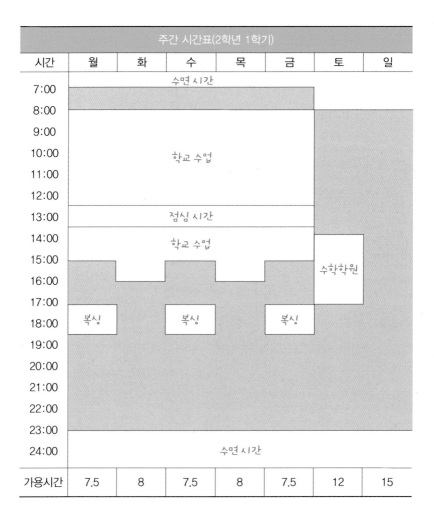

| 주간 시간표(2학년 1학기) | | | | | | | |
|---|---|---|---|---|---|---|---|
| 시간 | 월 | 화 | 수 | 목 | 금 | 토 | 일 |
| 7:00 | | | 수면 시간 | | | | |
| 8:00 | | | | | | | |
| 9:00 | | | | | | | |
| 10:00 | | | 학교 수업 | | | | |
| 11:00 | | | | | | | |
| 12:00 | | | | | | | |
| 13:00 | | | 점심 시간 | | | | |
| 14:00 | | | 학교 수업 | | | | |
| 15:00 | | | | | | 수학학원 | |
| 16:00 | | | | | | | |
| 17:00 | | | | | | | |
| 18:00 | 복싱 | | 복싱 | | 복싱 | | |
| 19:00 | | | | | | | |
| 20:00 | | | | | | | |
| 21:00 | | | | | | | |
| 22:00 | | | | | | | |
| 23:00 | | | | | | | |
| 24:00 | | | 수면 시간 | | | | |
| 가용시간 | 7.5 | 8 | 7.5 | 8 | 7.5 | 12 | 15 |

반복의 미학 누구주

주간의 고정 일정을 파악하고 나면 24시간에서 고정 일정에 필요한 시간을 뺀다. 그러면 스스로 관리할 수 있는 시간에 해당하는 가용 시간을 알 수 있다. 우리가 관리할 시간은 결국 이 가용 시간이다.

고정 일정은 수시로 확인할 수 있도록 표시하고, 앞으로의 크고 작은 계획들을 세울 때 고정 일정을 감안해 계획을 세울 수 있도록 한다.

## ● 수업일기 쓰기

'수업일기'는 앞서 완시스 사이클의 예습–수업–복습 절차를 진행하면서 당일복습의 첫 단계로 시간표를 보고 수업 내용을 떠올려본 후 작성하는 것으로 소개했었다.

수업일기를 작성하는 것만으로도 하루의 수업을 돌아보는 복습 습관을 만들면서 동시에 기록 연습이 이루어진다. 플래닝 훈련의 관점에서도 매우 좋은 기술이므로 매일 복습의 첫 단계로 수업일기를 작성한다.

이와 같이 고정 일정을 파악하고, 기본적인 복습 습관을 훈련하는 것으로 플래닝의 가장 기본 전제 조건인 완시스 사이클 습관의 기초체력을 갖출 수 있다.

## 2단계 - 일상생활 플래닝으로 관리 감각 키우기

플래닝 2단계에서는 공부의 효율을 높이기 위한 시간관리 감각과 매일 실천하는 습관을 키우는 방법을 알 수 있다.

### ● 보상-보충 계획 세우기

계획 실행의 동기를 높여주고, 현실적인 계획 실행을 도와주기 위한 장치로 1단계에서 파악한 고정 일정에 보상-보충 계획을 추가한다.

내가 세운 계획을 다 지켰다면 보상시간을 통해 충분한 보상을 누릴 수 있도록 한다. 이 시간에는 공부를 하며 쌓인 스트레스와 피로를 풀기 위해 휴식을 취하거나, 좋아하는 활동을 하거나 친구를 만날 수도 있다. 가능한 선에서 맛있는 아이스크림을 사 먹거나 갖고 싶었던 필기구를 사는 등 자신에게 작은 선물을 하는 것도 좋다.

만약 계획을 다 지키지 못했다면 보상시간은 부족한 계획을 보충하기 위한 보충시간으로 바뀐다. 이 시간에 부족한 계획을 보충함으로 계획이 뒤로 계속 밀리는 것을 막고, 전체적인 계획 관리가 문제없이 진행되도록 한다.

### ● 일일 계획 세우고 실천하기

1단계에서 고정 일정과 함께 파악된 매일의 가용 시간을 의미 있는 시간으로 만들기 위해서 이제 세부 계획을 세워야 한다. 당일복습을 하면서 수업일기를 쓰고, 이후 복습전략을 실천할 때도 분명한 계획이 있어야 실천을 할 수 있게 된다. 또한 학교 수업의 복습 이외에도 진로, 봉사, 동아리, 독서 등 챙겨야 할 일이 많으므로 이러한 여러 가지 일을 미루지 않고 해내기 위해 계획을 세워야 한다.

이때 가장 중요한 것은 지킬 수 있는 계획을 세우는 것이다. 화려하고 멋지기만 한 계획은 계획표를 바라볼 때 잠깐의 뿌듯함을 줄 수 있지만, 제대로 된 결과를 얻기는 어렵다. 자기 수준에 맞춰 지킬 수 있는 계획을 세울 때 목표를 달성하는 성취감을 느끼고, 관리 습관이 조금씩 자리잡혀 더 큰 목표를 이뤄나갈 수 있다.

일일 계획의 1순위는 학교에서 수업시간에 배운 내용의 당일복습이다. 당일복습은 미루면 효과가 급격히 떨어지므로, 항상 당일복습을 최우선순위에 두어야 한다. 다음 2순위 계획에 학교 과제나 진로, 동아리 활동과 같은 비교과 활동 계획을 넣고, 3순위 계획에 학원이나 개인 일정 관련 계획들을 넣는다.

| 우선순위 | 계획 | 체크 |
|---|---|---|
| 1 | 한국사 복습<br>-개념압축, 노트정리 | ✔ |
| 1 | 수학 복습<br>-수학 익힘책 풀이 | ✔ |
| 1 | 과학 복습<br>-개념압축, 카드암기 | ✔ |
| 2 | 수학 보충 학습<br>-인강 보기 | ✔ |
| 3 | 국어 수행평가 준비<br>-독후감 쓰기 | ✔ |
| 4 | 영어 학원 숙제<br>-grammar 문제 풀이 | → |
| 4 | 독서<br>-원미동 사람들 | ✘ |

계획을 실행할 때는 실행 결과를 반드시 체크해야 한다. 계획을 완료했으면 'V' 표시를 한다. 계획을 오늘 못하고 미루게 되었으면 '→' 표시를 하고, 계획을 지키지 못했으면 'X' 표시를 한다.

## ● 스톱워치로 순 공부시간 파악하기

할 일 계획과 보상-보충 계획을 세운 후 그 계획을 실행할 때 함께해야 하는 활동이 바로 플래닝의 세 번째 전제 조건인 '스톱워치 활용 습관 기르기'의 1단계인 '순 공부시간 파악하기'다.

공부하는 데 사용한 순수한 시간을 알아야 학습시간을 객관적으로 판단할 수 있는데, 공부를 하다 보면 시간의 착시현상에 빠지는 경우가 많다. 공부를 시작하겠다고 책상에 앉은 뒤 3시간이 흘렀다면, 그 3시간 동안 '공부'를 했다고 생각하는 것이다. 하지만 공부하는 동안에 휴식도 하고 화장실에도 다녀오고, 문자 메시지 답도 하고, 중간중간 멍해지거나 졸음에 빠지기도 한다.

이럴 때 스톱워치를 사용해 시간의 착시현상에 빠지지 않고 순수한 공부시간을 파악할 수 있다. 공부를 하는 동안 스톱워치를 작동시키고, 중간에 여러 가지 이유로 공부를 멈출 때는 스톱워치도 멈춘다. 이렇게 스톱워치를 이용해서 순 공부시간을 파악하는 방법은 다음과 같다.

① 공부를 시작할 때 스톱워치를 작동한다.
② 중간에 쉬거나 공부의 흐름이 끊겼을 때 스톱워치를 멈춘다.
③ 다시 공부를 시작할 때 스톱워치를 작동한다.

이런 식으로 공부하는 동안 스톱워치를 켰다 껐다 반복하여 순 공부시간을 파악한다. 순 공부시간을 파악하면 생각보다 공부시간이 많지 않음을 알 수 있게 된다. 또한 순 공부시간을 꾸준히 기록하면 학습량의 흐름도 파악할 수 있다.

반복의 미학 누구주

각 공부별로 순 공부시간을 파악해서 하루 종일 순수하게 공부한 시간을 계산해 보면, 얼마나 시간을 효율적으로 사용하는지 감을 익힐 수 있다. 순 공부시간은 매일 합계를 내서 기록하고, 주말마다 비교해 보면 공부를 얼마나 꾸준히 잘하고 있는지를 파악할 수 있다.

## 3단계 – 단기 플래닝으로 학습 성과 만들기

플래닝 3단계는 좀 더 정교한 시간관리 감각을 익힘으로 목표를 구체적으로 세우고, 단기 목표 달성으로 보다 높은 학습 성과를 만들어내는 과정이다.

### ● 스톱워치로 단위학습량 파악하고 마감시간 활용하기

2단계에서 순 공부시간을 파악하는 것이 익숙해졌다면, 시간관리 감각을 더욱 끌어올리기 위해 공부의 속도를 파악한다. 그래야 주어진 시간 내에 얼마만큼의 학습량을 달성할 수 있는지 예상하고 그에 맞는 계획을 세울 수 있다. 공부의 속도는 단위학습량으로 파악하는데 단위학습량이란, 단위 시간에 얼마만큼의 공부를 할 수 있는지를 수치화한 것이다.

단위학습량을 파악하기 위해서는 순 공부시간을 측정할 때와 마찬가지로 공부를 시작할 때 스톱워치를 작동하고, 공부를 멈출 때 스톱워치도 함께 멈춘다. 이때 두 개의 숫자를 얻을 수 있는데, 하나는 스톱워치로 측정한 소요 시간이고, 또 하나는 그 시간 동안 공부한 학습량이다. 학습량은 페이지, 문제, 단어 개수 등으로 수치화해서 표현할 수 있다. 이 두 측정값을 이용해 자신의 단위학습량을 계산할 수 있다.

단위학습량 계산 방법은 학습량을 시간으로 나누는 것이다. 예를 들어 10분 동안 영어 단어 10개를 암기한다면, 10개를 10분으로 나눈(10개/10분) 결과인 분당 단어 한 개씩(1개/분)을 암기할 수 있다는 단위학습량을 얻게 된다. 그럼 다음부터는 20개의 단어를 외우려면 20분이면 가능하겠다고 예측하고 변수들을 고려한 약간의 여유 시간을 두어 30분으로 계획을 세우면, 현실적이고 지킬 수 있는 계획을 세울 수 있게 된다.

단위학습량은 여러 차례 반복해서 평균을 구하는 것이 정확하다.

단위학습량을 파악했으면 이후에는 계획을 실행할 때 단위학습량에 근거한 마감시간을 설정하고 계획을 실행하도록 한다. 마감시간을 정하게 되면 정해진 시간 안에 마쳐야 한다는 압박감이 집중력을 끌어올리고, 과제에 몰입하게 만든다.

예를 들어 단위학습량에 따라 영어 단어를 30분간 20개를 암기하기로 계획을 세웠다면, 계획을 실행할 때는 스톱워치의 마감시간을 30분으로 설정하는 것이다. 그리고 카운트다운으로 시간이 내려가게 하면서, 시간이 0이 되기 전에 계획한 학습활동을 마치도록 집중해서 공부한다. 이렇게 마감시간을 활용하면 눈앞에서 시간이 뚝뚝 떨어지는 압박감으로 인해 공부에 더 집중하게 되고 마치 게임을 하는 것 같은 스릴을 느끼며 공부를 더 즐기면서 할 수 있다.

● 자투리 시간 활용하기

지금까지의 플래닝 훈련을 통해 시간관리 감각도 키우고, 시간을 좀 더 효율적으로 쓸 수 있는 역량을 어느 정도 갖추게 되었다면, '자투리 시간'에도 관심을 가져야 한다. 자투리 시간이란 보통 고정된 일정들 사이에, 이동

시간, 용변보는 시간, 외출 준비하는 시간, 식사시간, 무언가(누군가)를 기다리는 시간, 기상 후, 취침 전, 휴식시간 등의 다양한 형태로 존재한다.

이런 자투리 시간을 잘 사용하기 위해서는 먼저 자신의 시간을 돌아보면서 자투리 시간을 정확히 파악하는 것이 필요하다. 먼저 고정된 자투리 시간들을 파악한다. 아침에 일어나서 아침 식사 전까지의 시간, 등교하는 시간, 수업 사이의 쉬는 시간, 점심식사 이후 나머지 쉬는 시간, 하교하는 시간 등 항상 반복되는 일상 속에서 쉽게 찾을 수 있는 자투리 시간들을 정리한다. 그 다음에는 이렇게 발견된 고정된 자투리 시간에 무엇을 할지 미리 정하고 습관화한다. 아침에 일어나면 아침식사 전까지 계획 점검하기, 등교시간에는 영어 단어 암기, 쉬는 시간엔 독서, 점심 먹고 난 이후에는 수학 문제 풀이, 하교시간에는 개념 카드 암기 등 미리 정해 놓은 계획에 따라 자동으로 공부를 하도록 습관화한다.

고정된 자투리 시간을 활용할 수 있게 되면, 고정되지 않은 자투리 시간도 관리하자. 고정되지 않은 자투리 시간이란 갑자기 발생하는 자투리 시간을 말한다. 예를 들어 친구를 만나기로 했는데 친구가 10분 정도 늦는다거나, 점심시간에 급식실에 갔는데 사람이 많아 5분간 기다려야 한다거나, 수업시간에 선생님이 교무실에 다녀오신다고 10분 정도 자습을 하라고 하는 경우처럼 예측할 수 없는 상황에서 갑자기 시간이 주어지는 경우가 종종 발생한다. 이럴 때는 자투리 시간의 길이에 따라 계획을 세워두는 것이 좋다. 5분의 자투리 시간이 생기면 계획표를 점검하거나 스트레칭을 하고, 10분의 자투리 시간이 생기면 영어 단어를 암기하거나, 요약 노트를 읽고, 20분이라면 수학 문제를 풀거나 동영상 강의를 듣기로 계획한다.

자투리 시간은 그 특성상 시간이 짧은 활동들로 계획하는 것이 좋다. 만약 갑자기 발생한 짧은 자투리 시간에 기본 교과서와 참고서를 펼쳐 들고 내용을 이해하겠다고 꼼꼼히 보려고 한다면 효과를 얻을 수 없다. 자투리 시간을 이용하기 좋은 활동은 계획 점검, 암기, 문제 풀이와 같은 것들이다.

물론 자투리 시간에는 무조건 공부만 해야 하는 것은 아니다. 부족한 잠을 잘 수도 있고, 운동을 하거나 친구와 대화를 하며 휴식을 취할 수도 있다. 중요한 것은 그 시간을 준비해 놓고 계획에 따라 시간을 보냈는지 아니면 아무 준비와 계획 없이 시간을 보냈는지에 따라 시간의 가치는 매우 달라진다.

### ● 단기 목표 플래닝하기 - 시험 플래닝

보통 단기 목표로 설정하고 관리해야 하는 대상에는 과제, 수행평가, 각종 대회, 시험 등이 있다. 이 중에서 학생들에게 현실적으로 가장 중요한 대상인 시험에 대한 단기 목표 플래닝을 살펴보자.

시험 기간이 다가오면 본격적인 시험 준비를 시작하기 전에 시험 전략표와 시험 계획표를 작성한다. 시험 전략표는 앞서 '완시스 시험전략'에서 소개했다. 시험 계획표는 일반적으로 달력 형태의 일정표를 활용하면 된다.

### ● 시험 계획표 작성법

① 시험 계획표는 가장 먼저 시험 일정을 기록하는 것부터 시작한다.

반복의 미학 누구주

② 시험공부를 하지 못하는 날을 파악해서 표시한다. 고정 일정에서 파악한 것과 학사일정 등을 토대로 일정이 누락되지 않도록 꼼꼼히 파악해서 기록한다. 내가 공부를 할 수 없는 날을 고려하지 않고 계획을 세웠다가 정작 중요한 계획이 틀어질 수 있음을 기억해야 한다.

③ 보상-보충 계획을 세운다. 이는 플래닝 2단계에서 설명했던 내용으로 시험공부 중에도 역시 중간에 휴식을 취하고, 부족한 계획을 보충할 장치가 필요하다.

④ 평소 파악해 둔 가용 시간에서 시험 준비 기간에 공부할 수 없는 시간과 시험 준비 기간에도 계속되어야 하는 평소 예습-복습 시간을 빼면 총 시험공부 가용 시간을 알 수 있다. 보통 2주에서 3주 정도 시험공부를 한다면 시험공부 가용 시간이 최소 60시간에서 80시간 정도는 되어야 전략적인 시험공부를 할 수 있다. 만약 학원을 지나치게 많이 다닌다면 학교 시험공부를 위한 시간이 부족할 수도 있다.

⑤ 과목별 시간 배분을 위해서 과목별 우선순위를 정한다. 과목별 우선순위가 높을수록 시간 배분을 많이 해야 하기 때문에 일반적으로 수학, 영어, 국어가 최우선순위가 되고, 그 다음은 과학, 사회, 국사가 뒤따르며, 다음으로 한문, 기가, 도덕이 오고, 가장 낮은 우선순위는 예체능 과목과 기타 과목들이다. 하지만 과목별 성취도와 진로관련성, 시험범위와 학습량 등에 따라 우선순위는 달라질 수 있다.

⑥ 우선순위에 따라 과목별 시간 배분을 한다. 우선순위가 높은 과목에 가장 많은 시간을 배분하고 우선순위가 낮아질수록 시간 배분을 줄인다.

⑦ 시험일로부터 거꾸로 공부할 과목을 배치한다. 시험 전 날에는 다음 날 시험 볼 과목들을 배치한다. 시험을 2~3일간 이어서 치른다면 시험 하루 전에는 1일차 시험 준비, 시험 이틀 전에는 2일차 시험 준비, 시험 사

흘 전에는 3일차 시험을 준비한다.

| KLCC한국학습코칭센터 | | 20  년   학기    고사   시험 계획표 | | | | | |
|---|---|---|---|---|---|---|---|
| | 일 | 월 | 화 | 수 | 목 | 금 | 토 |
| 1주 | | 6 D-23<br>과목1 | 7 D-22<br>과목4 | 8 D-21<br>과목7 | 9 D-20<br>과목1 | 10 D-19<br>과목4 | 11 D-18<br>중간점검<br>과목7 |
| 2주 | 12 D-17<br>보상/보충<br>과목1<br>과목2 | 13 D-16<br>과목4<br>과목5 | 14 D-15<br>과목7<br>과목8 | 15 D-14<br>수련회 | 16 D-13<br>과목1<br>과목2 | 17 D-12<br>과목4<br>과목5 | 18 D-11<br>중간점검<br>과목7<br>과목8 |
| 3주 | 19 D-10<br>보상/보충<br>과목3<br>과목6<br>과목9 | 20 D-9<br>발명대회 | 21 D-8<br>과목1<br>과목2<br>과목3 | 22 D-7<br>과목4<br>과목5<br>과목6 | 23 D-6<br>과목7<br>과목8<br>과목9 | 24 D-5<br>주요과목<br>마무리 | 25 D-4<br>주요과목<br>마무리 |
| 4주 | 26 D-3<br>기타과목<br>마무리<br>시험3일차<br>준비 | 27 D-2<br>시험2일차<br>준비 | 28 D-1<br>시험1일차<br>준비 | 29 D-day<br>과목1<br>과목2<br>과목3 | 30<br>과목4<br>과목5<br>과목6 | 31<br>과목7<br>과목8<br>과목9 | |

COPYRIGHT ⓒ KLCC 한국학습코칭센터 ALL RIGHTS RESERVED http://klcc.or.kr Tel.1666-0935

## ● 계획을 되돌아보며 수정 보완하기

　어떠한 계획도 완벽할 수는 없다. 계획을 실행하다 보면 계획을 너무 과하게 세워서 실천하지 못하거나, 계획은 적절했지만 돌발 상황이 생겨서 목표를 달성하지 못할 수도 있다. 더 나은 다음을 기약하기 위해서는 그 과정을 되돌아보며 수정하고 보완하는 것이 반드시 필요하다. 계획과 실행 과정을 돌아보며 잘한 것은 앞으로 더 잘하기 위해, 못한 것은 개선하기 위해 수정, 보완을 해야 한다. 잘못된 계획을 개선하지 않으면 계속해서 잘못된 계획을 세울 수밖에 없다.

계획의 실천 여부를 기록한 내용을 보면서 자신에 대한 칭찬과 반성을 적어보는 것도 좋다. 어떤 계획이 부족했는지, 어떤 식으로 수정, 보완해야 할지 평가하고 기록한다.

공부의 효과, 즉 필요한 공부를 얼마나 했는지 평가하고, 공부에 영향을 미치는 의지, 환경, 공부 방법, 시간관리 등을 돌아보며 정리할 수 있다.

## 4단계 - 중장기 플래닝으로 성공 시스템 완성하기

플래닝 4단계에서는 지금까지 쌓은 관리 능력을 바탕으로 지속적인 성공 시스템을 만드는 과정이다.

### ● 마법의 주문을 외우는 드림 플래닝

시간관리 감각을 키우고, 계획을 세우고 실천하는 능력을 키웠다면, 이제는 지속적인 공부의 연료를 공급할 수 있는 장기적인 꿈과 목표를 생각하고 계획을 세워야 한다.

자동차가 먼 길을 달리기 위해서는 연료가 필요하다. 아무리 성능이 좋은 차라도, 연료가 없으면 움직일 수 없다. 공부도 마찬가지다. 더할 나위 없이 공부하기 좋은 역량을 갖춘 상태라 하더라도 도대체 공부를 왜 해야 하는지 모르거나, 스스로 공부할 의지가 전혀 없는 상태라면, 공부의 연료가 없는 것이나 마찬가지다.

내가 이루고 싶은 것은 무엇이고, 내가 가지고 싶은 것은 무엇인지, 사회 또는 세상에 기여하고 싶은 부분은 무엇인지에 대해 깊이 생각하며 내가 도달하고 싶은 미래의 모습을 그려보는 것이 반드시 필요하다. 이 과정에서 떠오르는 것이 바로 '꿈'이다.

꿈의 모습은 직업적인 것, 사회적인 것, 물질적인 것, 정신적인 것, 경험적인 것에서 다양한 형태로 존재한다. 꿈을 언제까지 어떤 형태로 이룰 것인지 구체적으로 다듬은 것이 '목표'이다. 꿈은 내가 판단할 때 이뤘다고 할 수 있다는 점에서 주관적인 성격이 강하고, 목표는 누가 보더라도 이뤘다고 할 수 있는 것으로 객관적인 성격이 강하다. 예를 들어 부자가 되겠다는 것은 꿈이고, 40세에 100억대 자산가가 되겠다는 것은 목표라고 할 수 있다. 좋은 대학에 가고 싶다는 것은 꿈이고, 서울대학교 경영학과에 가겠다는 것은 목표이다. 공부를 잘하고 싶다는 것은 꿈이고, 다음 기말고사에서 전교 10등 안에 들어가겠다는 것은 목표이다.

공부의 연료가 되는 꿈이나 목표가 반드시 크고 멋질 필요는 없다. 남들이 부러워하거나 유행처럼 한때 반짝하는 직업들, 혹은 거창하게 세계 평화를 위해 무언가를 하겠다는 선언들은 멋지긴 하지만 진정으로 원하는 마음이 없다면 연료로써 제대로 기능을 하지 못한다. 크든 작든, 멋지든 평범하든, 진심으로 간절하게 원하는 마음이 더 중요하다. 진정으로 원하는 것이라면 공부의 연료가 될 가능성이 높다. 학생 신분으로 원하는 것을 이루기 위해 할 수 있는 가장 효과적인 투자가 바로 공부다. 공부는 자신의 지식과 실력을 쌓을 수 있고 실현 가능성을 높이는 연료가 될 수 있다.

꿈과 목표는 하나씩 이뤄 나갈수록 점점 더 커지고 발전해 가는 특징이 있다. 이것이 최상위 학습자들이 놀라운 성과를 낼 수 있었던 이유이기도 하다. 작은 목표를 정하고 그 목표를 이루고 나니 더 큰 목표가 생기고, 그 목표를 또다시 이뤄 나가는 과정에서 자연스럽게 다음 목표와 꿈이 더 커지고 새로워지며 끊임없이 공부의 연료를 채워 나갈 수 있었다는 사실이다.

하지만 꿈이나 목표는 시간이 흐르면서 흐릿해지거나 사라질 수도 있기 때문에 그 꿈을 키우고 유지하기 위해서는 다양한 전략을 써야 한다.

## ● 꿈 쪼개기 – 꿈에 다가설 수 있는 현실적 목표 설정하기

다양한 꿈의 목록들 중에서 꿈을 이룰 구체적인 시기와 형태로 정리할 수 있는 것을 목표로 설정한다. 꿈이나 목표는 그것을 달성하는 과정에서 인생의 행복을 찾을 수 있고 성공하기 위해서는 반드시 필요하다. 그렇다고 지나치게 막연하거나 도달하기 어려운 단 하나의 꿈이나 목표를 정하고 그것만 향해 살아간다면 오히려 실패할 가능성이 높다. 그러므로 달성해가는 과정에서 성공의 경험을 쌓기 위해 내가 이루고 지킬 수 있도록 꿈을 목표의 형태로 바꾸고, 그 목표를 이룰 수 있는 크기로 잘게 쪼개는 과정이 필요하다.

꿈 쪼개기

## ● 마법의 주문 외우기 – 장기목표 달성을 위한 공부 연료 주입 전략

자동차가 달릴수록 기름이 떨어지듯이 시간이 지나면서 공부 연료 또한 소모되기 마련이다. 따라서 기름이 떨어질 때마다 주유소에 들르듯이 지속적으로 공부 연료를 채워줄 마음의 주유소를 마련해 둬야 한다. 최상위 학습자들은 이런 장치를 미리 만들어 효과적으로 사용했다. 온몸의 감각을 활용해 이런 장치들을 사용하는 전략을 '마법의 주문 외우기'라고 한다. '마법의 주문 외우기'는 다음과 같은 전략으로 이루어져 있다.

### 글로 쓰고 소리 내어 말하기

꿈이나 목표도 시간이 지나면 기억에서 사라지게 된다. 꿈과 목표를 망각하지 않도록 구체적으로 글로 써서 잘 보이는 곳에 붙여 두라. 책상 앞에 붙여 놓아도 되고, 지갑에 넣어 두거나 스마트폰 배경화면으로 저장해두어도 좋고, 플래너에 잘 보이게 적어두어도 좋다.

눈으로 볼 수 있게 표현한 꿈과 목표를 세웠다면, 주위 사람들에게 수시로 소리 내어 말하는 것이 필요하다. 목표를 소리 내어 말하면 목표를 달성했을 때 자신에게 주어질 성취감들이 떠올라 설레고, 또한 목표를 달성해야겠다는 강한 책임감을 느끼게 된다. 이런 설렘과 책임감은 목표를 달성하고자 하는 데 적당히 기분 좋은 스트레스로 작용해 실천 의지를 더 강하게 불러일으키는 긍정적인 역할을 하게 된다.

또한 자신의 꿈이나 목표를 많은 사람들에게 이야기하게 되면, 그 꿈을 이룰 수 있도록 도움을 줄 수 있는 사람을 만날 수 있다. 꿈을 혼자서 이루려고 하기보다는, 누군가의 도움을 얻을 때 훨씬 쉽고 빠르게 이뤄낼 수 있다.

## 롤 모델 정하기

본받을 만한 롤 모델을 정한다. 롤 모델은 자신이 원하는 꿈이나 목표의 전부 또는 일부를 실제로 이룬 사람이므로, 롤 모델을 정해 놓으면 막연한 상상에 그치지 않고 꿈이 실현된 후의 모습을 생생하게 참고할 수 있다. 또한 이 롤 모델을 통해 어떻게 그러한 성취를 이뤄낼 수 있었는지, 목표를 이룬 후에는 삶을 어떻게 살아나가는지도 관찰할 수 있다. 꼭 유명한 사람이나 크게 성공한 사람이 아니더라도, 주위에서 롤 모델을 찾는다면 보다 직접적인 도움을 얻을 수 있고, 지속적인 자극을 받을 수 있는 장점이 있다.

## 드림보드 만들기

이러한 다양한 활동을 하면서 좀 더 강력한 연료 주입 효과를 얻고자 한다면 '드림보드'를 만들어 수시로 자극을 얻을 수 있는 장치를 마련할 수 있다. 드림보드는 꿈과 목표를 한 곳에 모아서 볼 수 있게 만들어 놓은 일종의 게시판이라고 생각하면 된다. 꿈과 목표를 구체적으로 글로 기록하거나, 진학하고 싶은 학교나 여행하고 싶은 나라, 갖고 싶은 직업이나 닮고 싶은 사람 등 다양한 자료들을 수집해서 한데 모아 드림보드를 만들고 잘 보이는 곳에 붙여 두라.

크게 만들어서 책상 앞에 붙여 놓아도 되고, 작게 만들어서 플래너 맨 앞에 넣어 두어도 좋다. 사진을 찍어서 스마트폰의 배경화면으로 설정해 두면 꿈과 목표를 수시로 확인하게 되고 지속적으로 공부의 연료를 주입하며 노력할 수 있는 에너지를 얻을 수 있다.

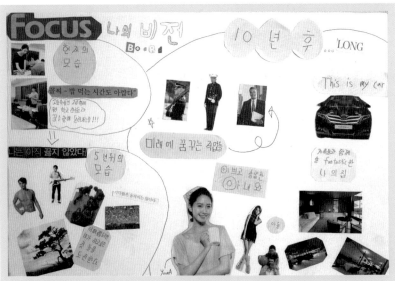

반복의 미학 누구주

● 기억 쏙쏙 퀴즈

1. 플래너를 예쁘게 잘 꾸미는 것이 플래닝을 잘하는 것이다. (○/×)

2. 일일 목표의 우선순위를 정할 때, 최우선순위는 '학원 숙제'로 한다.
   (○/×)

3. 계획은 항상 크고 원대하게 세워야 한다. (○/×)

4. 카드는 처음에는 앞면을 보고 뒷면을 암기하는 (            )으로 암
   기를 하고, 다음에는 뒷면을 보고 앞면을 기억하는 (            )으
   로 암기한다.

5. 완시스 카드를 보관하고 효과적으로 카드를 주기반복하기 위해
   (            )을 활용할 수 있다.

## ● 완시스 수업일기

| 1교시: 반복의 3원칙 누.구.주 | 2교시: 완시스 사이클 |
|---|---|
| 누적반복 - 기억형성<br>구분반복 - 기억점검<br>주기반복 - 기억유지 | 흥미예습 - 영화예고편, 그지도사, 진한글씨, 색깔글씨<br>적극수업 - 눈 부릅, 귀 쫑긋,<br>　　　　　　머리 끄덕, 입 아~, 손 번쩍<br>주기복습 - 당일, 주말, 시험, 방학<br>완벽시험 - 시험 전략 세우기, 시기별 시험 학습전략 |
| **3교시: 완시스 노트** | **4교시: 완시스 리딩** |
| 수업 내용 : 들여쓰기, 요약, 글씨체, 필기구 조합<br>주요 개념 : 중간 제목<br>추가 메모 : 기억 단서<br>요약정리 : 2번 이상 복습 | 개념압축 : 정독, 연필, 색 펜, 형광펜<br>목차정리 : 단원명 적기, 핵심개념 적기<br>단권화 : 메인교재 선택, 단권화 진행<br>화이트점검 : 사본 만들기, 지우기, 채우기, 재 복습 |
| **5교시: 완시스 카드** | **6교시: 완시스 플래닝** |
| 누적 반복 : 암기 + 누적 확인<br>구분 반복 : 외운 것과 못 외운 것 구분<br>주기 반복 : 완시스 암기카드통<br>카드 만들기 : 한 장의 카드엔 하나의 내용만 | 전제조건 : 완사습관, 기록습관, 스톱워치 활용습관<br>1단계 : 플래닝의 기초체력 만들기<br>2단계 : 일상생활 플래닝으로 관리 감각 기르기<br>3단계 : 단기 플래닝으로 학습 성과 만들기<br>4단계 : 중장기 플래닝으로 성공 시스템 완성하기 |

## ● 완시스 목차정리

| 대단원명 | 중단원명 | 소단원명 | 핵심개념 |
|---|---|---|---|
| 학습원리 | 반복의3원칙 누.구.주 | 누적반복 | 계단을 오르듯, 기억형성 |
| | | 구분반복 | 남아있는 기억 VS 사라진 기억, 기억점검 |
| | | 주기반복 | 에빙하우스 망각곡선, 기억유지 |
| 학습기술 | 완시스 사이클 | 흥미예습 | 영화 예고편, 그.지.도.사. |
| | | 적극수업 | 눈 부릅, 귀 쫑긋 |
| | | | 머리 끄덕, 입 아~, 손 번쩍 |
| | | 주기복습 | 당일, 주말, 시험, 방학 |
| | | 완벽시험 | 시험전략세우기, 시기별시험학습전략 |
| | 완시스 노트 | 수업내용 | 들어쓰기, 요약, 글씨체 ,필기구조합 |
| | | 주요개념 | 중간 제목 |
| | | 추가메모 | 기억 단서 |
| | | 요약정리 | 2번이상 복습 |
| | 완시스 리딩 | 개념압축 | 정독-연필_색펜_형광펜 |
| | | 목차정리 | 단원명적기, 핵심개념적기 |
| | | 단권화 | 메인교재선택, 단권화 진행 |
| | | 화이트 점검 | 사본만들기-지우기-채우기-재복습 |
| | 완시스 카드 | 누적반복 | 암기 + 누적 확인 |
| | | 구분반복 | 외운 것과 못 외운 것 구분 |
| | | 주기반복 | 완시스 암기카드들 |
| | | 카드만들기 | 한 장의 카드에는 하나의 내용만 |
| | 완시스 플래닝 | 전제조건 | 완사, 기록, 스탑워치 활용습관 |
| | | 기초체력만들기 | 고정일정, 수업암기 |
| | | 일상생활플래닝 | 일일계획, 보상-보충계획, 순공시간 |
| | | 단기플래닝 | 단원학습량, 자투리시간, 시험플래닝, 수정보완 |
| | | 중장기플래닝 | 드림플래닝, 꿈꼬개기, 마법의 주문 |
| | | | |
| | | | |
| | | | |
| | | | |
| | | | |
| | | | |
| | | | |

KLCC 한국학습코칭센터
KOREA LEARNING COACHING CENTER

## ● 완시스 카드

<table>
<tr>
<td>

과목　　　　단원명　**완시스 노트**

완시스 노트의 (　　) 구간은 수업 내용을 두 번 이상 복습하고 가장 중요한 개념들을 중심으로 수업 내용을 요약하는 데 사용한다.

KLCC 한국학습코칭센터
KOREA LEARNING COACHING CENTER

</td>
<td>

KLCC 한국학습코칭센터

http://klcc.or.kr　　　　　Tel. 1666-0935

</td>
</tr>
<tr>
<td>

과목　　　　단원명　**완시스 카드**

완시스 카드를 만들 때
기본 규칙은 무엇인가?

KLCC 한국학습코칭센터
KOREA LEARNING COACHING CENTER

</td>
<td>

KLCC 한국학습코칭센터

http://klcc.or.kr　　　　　Tel. 1666-0935

</td>
</tr>
<tr>
<td>

과목　　　　단원명　**완시스 플래닝**

스톱워치를 활용하여 단위시간에 얼마만큼의 공부를 할 수 있는지를 계산한 값을 무엇이라고 하는가?

KLCC 한국학습코칭센터
KOREA LEARNING COACHING CENTER

</td>
<td>

KLCC 한국학습코칭센터

http://klcc.or.kr　　　　　Tel. 1666-0935

</td>
</tr>
</table>

◆ **기억 쏙쏙 퀴즈 정답** ◆

1. X (플래닝은 계획-실행-피드백의 과정이 제대로 이루어지는 상태를 말한다. 이 과정이 제대로 되지 않는 상태에서 플래너를 예쁘게 꾸미기만 하는 것은 시간과 목표 관리에 별로 도움이 되지 않는다.)

2. X (개인 공부의 최우선순위는 가급적 '당일복습'으로 한다. 다음으로 취약 과목과 전략 과목의 공부, 학교 과제 순서로 하며, 학원 숙제는 일반적으로 3순위에 해당한다.)

3. X (가장 좋은 계획은 지킬 수 있는 계획이다. 내 수준에 맞는 구체적이고 실천할 수 있는 계획을 세워야 목표 달성의 성취감을 느낄 수 있다.)

4. 카드는 처음에는 앞면을 보고 뒷면을 암기하는 (순방향)으로 암기를 하고, 다음에는 뒷면을 보고 앞면을 기억하는 (역방향)으로 암기한다.

5. 완시스 카드를 보관하고 효과적으로 카드를 주기반복하기 위해 (완시스 암기카드통)을 활용할 수 있다.

◆ **완시스 카드 정답** ◆

1. 요약정리
2. 한 장의 카드에 하나의 내용만 기록한다.
3. 단위학습량

3장

# 누구주
# 학습코칭의 이해

# 07 자기주도학습을 완성하는, '누구주 학습코칭'

## 자기주도학습과 학습코칭

패션의 유행처럼 교육에도 유행이 있다. 신문활용교육(NIE), 스마트 교육, 협동학습, 협력학습, 프로젝트 수업, 배움 중심 수업, 하브루타 수업, 거꾸로 수업 등 최근에도 여러 유행들이 있었다. 하지만 유행과는 상관없이 오랜 시간, 지금도 아주 큰 영향력을 가진 단어가 있다. 바로 '자기주도학습'이다.

학습자 스스로 학습의 주도권을 갖고 '목표'를 정하고 '계획'하며, 효과적인 학습'전략'을 활용하여 계획을 '실행'하고 결과를 스스로 '평가', '점검'하는 자기주도학습은 교사나 학부모뿐만 아니라 학생들도 바라는 이상적인 학습방법이다.

그래서인지 자기주도학습과 관련된 다양한 시도들이 끊임없이 있어왔다. 학생들이 혼자서도 배울 수 있는 다양한 멀티미디어 자료와 좋은 교재들이 쏟아져 나왔고, 인터넷 강의 기업들이 교육시장의 주류로 자리를 잡고, 과목별 스타 강사들도 탄생했다. 여기에 더해 학습관리를 도와주는 사교육 분야가 호황을 맞이하고, 학생에게 맞는 인터넷 강의를 매칭해주고 진도를 관리해 주는 새로운 서비스까지 생겨나고 있다.

그러나 오랜 시간 수많은 학생들을 학교 현장에서 만나고 교사, 학부모의 고민을 들어보면 이러한 변화가 학생들이 자기주도학습을 제대로 실천

반복의 미학 누구주

하는 데 긍정적인 역할을 했느냐는 물음에 대해서는 선뜻 그렇다고 답하기 어려운 것이 현실이다.

학생들은 학교 진도가 시작되기 전에 이미 학원이나 인터넷 강의로 해당 내용을 배운 경우가 많다. 그래서 오히려 학교 수업에 집중하지 못하거나 딴짓을 하는 경우가 일쑤다. 뿐만 아니라 수업에서 다뤄진 내용을 곱씹으면서 개념을 이해하고 기억을 만들 시간도 없이 학교 수업이 끝나기가 바쁘게 학원과 과외 수업을 듣기 위해 달려가거나 어딘가에서 인터넷 강의를 보며 새로운 내용을 끊임없이 배운다. 배우고, 배우고, 또 배운다. 배운 내용을 익히는 과정 없이 새로운 내용을 계속 배우다 보니, 분명 공부에 들이는 시간과 노력이 많음에도 불구하고, 쏟은 에너지에 비해 돌아오는 성과는 기대에 한참 못 미치는 학생들이 부지기수다.

시험 문제를 내는 사람이 누구인지, 시험이 무엇을 확인하기 위한 것인지, 즉 많이 배운 것을 확인하려는 것인지 아니면 배운 것을 제대로 익혔는지를 확인하려는 것인지를 한번쯤 진지하게 깊이 생각해본다면 답은 금방 나올 것이다.

공부의 과정과 목적에 대한 깊은 고민 없이 단순히 경쟁하듯 잘못된 방법으로 공부를 하다 보니 노력한 것에 비해 만족스럽지 못한 성과가 나오는 것은 당연하다. 이것은 곧 학습에 대한 부정적인 감정으로 이어지고 결국 학습동기를 떨어뜨려서 '스스로' 공부를 할 수 없게 만드는 악순환으로 빠져들게 한다. 이로 인해 '자기주도학습'이라는 이상은 갈수록 학생들로부터 멀어져가는 것이 현실이다.

그동안 이러한 흐름을 지켜보며 지금 대한민국 학생들의 학습문제는 배움의 문제가 아니라 익힘의 문제라는 결론을 얻을 수 있었다. 학생들이 좋은 학습 성과를 얻으려면 학교 수업시간에 능동적으로 참여하여 배움을 풍성하게 만들고, 수업 이후 주도적인 익힘의 과정을 통해 학과 습의 균형을 이루는 공부의 선순환이 이루어져야 한다. 그런데 지금 많은 학생들은 학습의 균형이 깨져 있다. 음식은 많이 먹는데 몸을 움직이지 않아 비만에 시달리는 사람처럼 학생들도 배움은 넘치지만 익힘은 거의 일어나지 않는 '학비만증'에 시달리고 있다. 이러한 배움과 익힘의 불균형에서 오는 '학비만증'은 마치 비만으로 인해 몸에 생기는 여러 합병증처럼 학생들이 겪고 있는 여러 학습문제의 근본 원인이 되고 있다.

학비만증을 해소하는 방법은 비만을 치료하는 것과 같다. 배움의 양에 비해 부족한 익힘의 양을 늘려주면 된다. 그런데 이 과정에서 새로운 문제가 나타난다. 학생들은 배운 것을 어떻게 익혀야 할지 모른다는 것이다. 배움은 이미 수십 년간 새로운 교수법과 교육 콘텐츠의 개발, 교육환경의 변화와 함께 끊임없이 진화했다. 하지만 익힘과 관련해서는 아무런 진보도 없었다. 배움에만 지나치게 많은 시간과 노력을 들이다 보니 상대적으로 익히는 능력이 퇴화한 상태다. 배우는 시간이 늘어나고 배우는 기술이 발전한 만큼 익히는 시간과 기술도 발전해야 한다. 이러한 점에서 자기주도학습 역량 강화의 핵심은 스스로 익히는 능력을 갖추게 하는 것에 달려 있다고 해도 과언이 아니다. 이 능력을 혼자서 갖추기는 매우 어렵다. 한두 달 만에 뚝딱 키울 수 있는 능력은 더더욱 아니다.

요리를 처음 배우는 사람을 생각해보자. 스스로 요리를 만들어 음식을 먹을 수 있기까지는 꾸준히 요리방법을 배우고 연습해 요리할 수 있는 능력을 갖추어야 한다. 나아가 더 맛있는 요리를 만들기 위해서는 다양하고 멋진 요리를 소개해 주고, 맛볼 수 있는 기회도 주어야 한다. 그래야 요리가 발전할 수 있기 때문이다. 뿐만 아니라 정성껏 요리를 만들었는데 요리가 생각하는 대로 잘 안되었을 때는 응원과 격려가 필요하고, 요리를 맛있게 먹고 칭찬하고 기뻐해 줄 사람도 필요하다.

자기주도학습 능력을 향상시키기 위한 방법도 마찬가지다. 지식 정보 시대의 수많은 지식들을 자기 것으로 만들기 위해서는 지식을 축적하는 방법을 배우고, 지식을 만드는 방법을 지속적으로 연습해야만 한다. 어떤 지식을 자기 것으로 만들어 가치를 창출하고 싶은지 생각할 기회도 주고, 그 과정의 어려움을 극복하기 위해 대화하고 지지해 주고 좋은 결과에 함께 기뻐할 수 있는 사람이 필요하다.

이처럼 자기주도학습 능력을 키우기 위한 학습방법의 교육과 훈련, 그리고 학습동기를 유지하기 위한 소통이 어우러지도록 하는 것이 바로 '학습코칭'이고, 그 역할을 담당하는 사람이 '학습코치'이다.

> "학습코칭이란 학습자가 학습능력 향상을 통해 성숙한 인간으로 성장할 수 있도록 도움을 주는 일련의 과정이며, 학습코치는 학습코칭 과정에서 학습자의 학습동기를 지속적으로 부여하고, 학습기술을 훈련시키는 사람을 말한다."
>
> -한국학습코칭센터 대표 서상민 -

일반적으로 학생들이 자기주도학습 능력을 기를 수 있는 체계적인 학습전략을 배울 기회는 그리 많지 않다. 학교나 가정에서 알려 주는 학습전략이라는 것은 대개 일반적인 이야기 혹은 개인의 성공담에 그쳐서 구체적인 학습전략과는 거리감이 있다. 학생들이 원하는 것은 '어떻게'라는 구체적인 학습전략이다. 이 구체적인 전략을 체계적으로 가르치고 훈련하는 과정이 학습코칭의 핵심이다.

일부 최상위권 학생들은 부모님, 친인척, 학교 선생님 등 주변의 학습코치 역할을 해주는 사람들의 조언과 선배들이나 주변 친구들의 학습전략들을 벤치마킹하며 자기만의 학습체계를 만들어내기도 한다. 그러나 대다수의 일반 학생들은 제대로 된 도움을 얻을 기회도 드물고, 그 과정 또한 어렵고 힘들기 때문에 일반 학생들도 손쉽게 자신만의 '완벽한 학습기술시스템'을 갖추기 위한 전문적인 교육프로그램이 필요하다는 것을 깨닫게 되었다.

그래서 한국학습코칭센터에서는 대한민국 모든 학습자의 자기주도학습 역량을 강화시켜 줄 '완시스(완벽한 학습기술시스템)'를 개발하겠다는 일념으로 각고의 노력 끝에 '누.구.주 원리'를 바탕으로 한 신개념 학습시스템인 '누.구.주 학습모형'을 개발하게 되었다.

그리고 오랜 시간 현장에서 '누.구.주 학습모형'을 교육하는 과정에서 최상위 학습자들의 학습시스템과 스포츠 훈련시스템의 유사성을 발견하게 되었고, 여기에 착안하여 '누.구.주 학습모형'도 스포츠 훈련 프로그램처럼 체계적으로 훈련이 진행될 수 있도록 신개념 학습 플랫폼 교육 프로그램인 'L.S.T.P 학습기술 훈련 프로그램(Learning Skills Training Program)'을 개발하게 되었다.


'L.S.T.P 학습기술 훈련 프로그램(Learning Skills Training Program)'은 대한민국의 모든 학습자가 자신만의 '완시스(완벽한 학습기술시스템)'를 갖출 수 있도록 만들겠다는 한국학습코칭센터의 사명과 철학을 반영하여 고안해낸 신개념 학습기술 플랫폼인 만큼 누구나 쉽고 빠르게 효율적인 학습시스템을 터득할 수 있는 획기적인 계기가 되어 줄 것이다. 또한, 선생님과 부모님은 '누.구.주 학습모형'에 기반을 둔 학습코칭을 통해 시행착오를 줄이며 학생들이 보다 체계적으로 자기주도학습 능력을 갖출 수 있도록 도와줄 수 있다.

반복의 미학 누구주

## 누.구.주 학습모형에 따른 L.S.T.P 학습기술 훈련 프로그램

'누.구.주 학습모형'은 처음부터 전체 과정을 적용하기는 어려움이 있다. 따라서 학습자의 수준과 능력에 맞춰서 단계적으로 접근하도록 한다.

● **1단계**

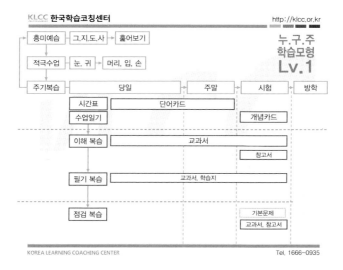

처음 학습훈련을 하는 학생들은 1단계부터 적용한다. 예습은 기본적인 그림, 지도, 도표, 사진 등의 기본 학습 자료들을 훑어보는 수준으로 수업에 대한 궁금증을 유발하는 정도로 하면 된다. 수업은 눈을 부릅뜨고 선생님과 학습 자료에 집중하고, 귀는 쫑긋 세워서 선생님이 강조하거나 중요하게 다루는 내용들을 놓치지 않도록 훈련한다.

복습훈련은 최대한 부담이 가지 않도록 한다. 단어 카드를 사용해서 평상시에 게임하듯 공부에 흥미를 가질 수 있을 정도로 하고, 시험 기간에는 주요 개념을 카드에 적어 별도로 암기해서 기본적인 개념 확인 문제에 대비한다.

당일복습은 시간표를 보고 수업일기를 쓴 다음, 주요 교과목 중에서 강점 과목이나 흥미도가 높은 과목은 이해를 위해 교과서를 한번 읽어보고, 수업 때 빠뜨린 필기를 보충하도록 한다.

시험 복습을 할 때는 교과서만으로 이해하지 못한 개념을 보충하기 위해 참고서를 한번 읽어보고, 교과서와 참고서에 나와 있는 문제를 풀며 시험을 준비한다.

누.구.주 학습모형 1단계에서는 학습 성과를 높이기보다는 학습에 대한 거부감을 낮추고, 기본적인 학습 습관을 만드는 데 초점을 둔다.

● 2단계

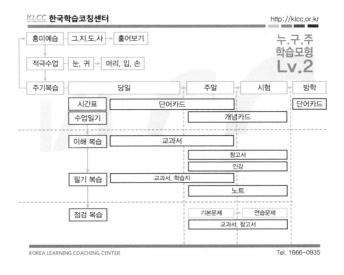

1단계가 익숙해지면, 이해와 필기의 수준을 조금 높이고, 문제풀이의 비중을 늘리는 2단계로 넘어간다.

예습은 교과서 본문 훑어보기와 주요 키워드를 파악하고, 눈과 귀에 이어 머리, 입, 손을 추가로 사용하여 보다 적극적으로 수업에 참여한다.

카드 활용법이 익숙해지면, 방학기간을 이용해 꾸준히 어휘력을 늘리고 개념 카드를 시험 전에 미리 제작해 시험 기간에 좀 더 적극적으로 개념 암기를 한다.

교과서만으로 부족한 이해를 보충하기 위해서는 참고서와 인터넷 강의로 자료 활용 범위를 늘리고, 부족한 필기의 보충에서 그치는 것이 아니라, 자신이 이해하기 쉽게 한두 과목이라도 노트에 개념을 정리해 학습 자료를 만든다.

시험 기간 전에 기본문제는 미리 풀고, 연습문제까지 충분히 풀어 시험에서 어느 정도 성과를 내는 것을 목표로 훈련한다.

만약 플래닝 훈련을 병행한다면 2단계에서는 플래닝 1단계를 적용하여 고정 일정을 파악하고, 수업일기를 쓰는 것으로 플래닝 기초체력을 만들 수 있다.

## ● 3단계

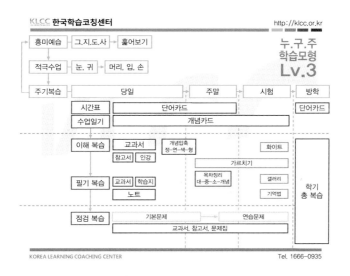

3단계에서는 이해와 정리, 시험의 효과를 높이는 복습 기술들을 더한다.

당일복습이나 주말복습에서 기억해야 할 것들을 미루지 않고 카드로 만들어서 평소에도 개념 암기학습이 이루어지도록 한다.

이해 복습을 위해서는 수업 당일에 교과서를 위주로 참고서도 함께 활용하여 이해를 확실히 한다. 이때는 교과서 개념압축을 사용하여 핵심개념을 파악한다. 이해 복습에 시간이 많이 소요되어 개념압축을 하루에 다 마치는 것이 어렵다면 개념압축 단계에서 색 펜 긋기나 형광펜 긋기 등의 일부 단계는 주말복습으로 미룰 수 있다.

필기 복습을 위해서는 수업 당일에 교과서와 학습지에 수업시간에 미비했던 필기를 보충하고, 노트에 별도로 학습 자료를 정리하며, 주요 과목은 개념정리까지 한다.

주말에는 전체 흐름을 잡기 위해 일주일 동안 진도 나간 내용에 대한 목차를 정리한다. 또한 교과서와 참고서의 기본문제를 풀고, 문제풀이 위주의 과목인 수학이나 과학의 경우 연습문제까지 풀며 부족한 이해와 기억을 점검한다.

공부를 어느 정도 완료했다고 생각하면 보다 더 확실한 학습효과를 만들기 위해 정리된 목차나 공부한 자료들을 보면서 공부한 내용으로 누군가를 가르쳐보라. 가르치기는 시험까지 계속 이어가야 하는 중요한 학습 기술이다.

시험 기간에는 플래닝 3단계의 시험 플래닝을 활용하여 시험 전략표와 시험 계획표를 작성하고 그것에 맞춰 시험 준비를 한다.

시험 복습을 할 때는 문제집의 다양한 연습문제를 풀어 시험에 대비한다. '화이트 점검'을 활용하여 학습 자료의 주요 개념을 화이트로 지우고 채우는 것으로 재 복습하며 기억 여부를 점검해서 사라진 기억을 되살리고, 학습 자료를 생활환경 곳곳에 부착해 두어 수시로 보는 '갤러리 학습법'도 적극 활용한다. 기억나지 않는 개념들은 약어법–약문법–운율법 등의 '기억법'을 사용해서 완벽한 기억을 만들기 위해 노력한다. 방학이 되면 한 학기 동안 배운 내용을 총 복습하며 장기 기억을 만드는 시간을 갖도록 한다.

3단계에서는 플래닝 2단계를 적용하여 매일의 계획을 세우고 실천하며, 보상–보충 계획을 활용하고, 스톱워치로 순 공부시간을 파악하며 일상생활을 플래닝하는 관리 감각을 키우고, 자신의 학습 습관을 좀 더 튼튼하게 만든다.

## ● 4단계

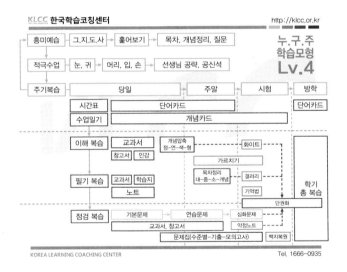

4단계에서는 학습기술의 정교함을 높이도록 한다.

예습은 이전 진도와의 흐름을 확인해서 수업 내용의 개념을 정리하고, 부족한 부분은 질문을 만들어서 보다 확실한 수업 준비를 한다. 수업 시간에는 선생님별 선호 스타일이나 수업 운영 방식들을 공략해서 과목별로 최적화된 수업 능동성을 갖추도록 한다.

복습 단계에서는 보다 심화된 문제를 풀면서 개념 습득 수준을 높이고, 두 번 이상 풀어도 틀리는 문제들은 약점 노트를 만들어 별도로 관리한다. 시험 직전에는 빈 종이에 개념을 모두 펼쳐보며 학습 수준을 점검하는 백지복원으로 완벽한 시험 준비 상태를 확인한다. 또한 공부하는 과정에서 접하게 되는 다양한 학습 자료를 하나에 모으는 단권화 전략을 사용하여 학습의 효율성을 높이고 나만의 참고서를 완성한다.

4단계에서는 플래닝 3단계를 적용하여 스톱워치로 단위학습량을 파악하고 마감 시간을 활용한다. 또한 고정된 자투리 시간들을 활용하고, 시험 플래닝으로 단기 목표를 관리하며 스스로 계획, 실행, 결과를 피드백하고 계획을 보완하는 과정을 통해 실제적인 학습 성과를 만들어간다.

이후 플래닝 기술 중에서 부족한 기술의 완성도를 높이고, 갑자기 생기는 자투리 시간을 활용하는 시간관리의 수준도 끌어올리도록 한다.

# 부록

한국학습코칭센터 L.S.T.P 학습기술 훈련 프로그램 소개
한국학습코칭센터 학습능력테스트
L.S.T.P 학습기술 훈련 워크시트

## 한국학습코칭센터 소개

한국학습코칭센터는 '스스로 생각하며 배우고 익히는 진정한 자기주도학습의 실현'을 모토로 현장 중심의 학습 프로그램을 개발, 보급하는 학습코칭 전문 기관이다.

전국의 교육청과 교육연수원, 학교, 공공기관에서 지금까지 수천 회에 이르는 강의와 프로그램 운영을 통해 학생들의 자기주도학습 능력 향상과 공교육 활성화를 위해 앞장서 왔으며, 인재강국 대한민국의 초석을 다지기 위해 부단한 노력과 지속적인 연구 개발을 이어가고 있다.

## 한국학습코칭센터 대표 소개

### 서상민 한국학습코칭센터 대표

- 서울시교육청 〈찾아가는 학부모교육〉 강사
- 경기도교육청 〈학부모 릴레이 특강〉 강사
- 인천시교육청 〈사교육절감형 창의경영학교 학부모연수〉 강사
- 세종시교육청 〈엄마표 자기주도학습코칭 연수〉 강사
- 전라북도교육청 〈꿈과 끼를 키워주는 학습코칭 연수〉 강사
- 부산시교육청 〈학부모 아카데미〉 강사
- 경상남도교육연수원 〈중등교감 자격연수〉 강사
- 울산시교육연수원 〈수석교사 자격연수〉 강사
- 강원도교육연수원 〈수석교사 자격연수〉 강사
- 경상북도교육연수원 〈중등1급 정교사 자격연수〉 강사
- 충청북도단재교육연수원 〈진로진학상담교사 자격연수〉 강사
- 서울, 인천, 세종, 부산, 대구, 울산, 경기, 충북, 충남, 전북, 경남 교육청
- 서울, 인천, 울산, 충북단재, 강원, 경북, 경남 교육연수원
- 용인, 안산, 시흥, 안성, 의정부, 구리남양주, 광주하남, 파주, 포천, 평택, 여주, 인천

서부, 인천북부, 인천남부, 인천강화, 논산계룡, 서산, 태안, 예산, 진안, 완주, 광주동부, 광주서부, 전주, 익산, 군산, 임실, 남원, 경주, 밀양, 창녕, 함안, 합천, 울산강북, 울산강남, 김해, 창원, 부산북부 교육지원청

• **신 문** : 조선일보, 중앙일보, 동아일보, 세계일보, 한국경제, 헤럴드경제, 연합뉴스 등

• **방 송** : 〈우리 아이가 달라졌어요〉(SBS), 〈내 아이를 부탁합니다〉(MBC), 〈세상의 모든 지식〉(KBS), 〈대한민국 성공시대〉(EBS), 〈교육특강 공신 만들기〉(TBC) 등

## 한국학습코칭센터 출간 도서

## 한국학습코칭센터 개발 학습 도구

완시스 노트　　완시스 일기　　완시스플래너　　완시스암기카드　　완시스암기카드통　학습능력테스트

## 숫자로 보는 한국학습코칭센터

**1** 대한민국 No.1
학습코칭 교육기관

**1,500,000**
지금까지 센터 강사들이
이동한 거리
약 1,500,000km
=지구 서른 여덟 바퀴
(지구 둘레 40,075km)

**166,800**
지금까지 만난
교사, 학부모, 학생
166,800명

지금까지 강의 한
특강과 프로그램
10,033시간
**10,033**

지금까지 출강 한
교육청, 학교 및 공공기관
1,616개 기관
**1,616**

지금까지 한국학습코칭센터
에서 출간한 저서 수
13권
**13**

## 한국학습코칭센터 주요 출강 기관

■ **학습코칭 지원 MOU 체결** - 남원교육지원청, 인천단봉초, 안산디자인문화고, 당진천의
초, 김해대동중, 충북고, 인천가좌초, 파주문산북중, 창원남산고, 인천고잔중, 울산효정고,
인천검단초

■ **교육청** - 서울특별시, 인천광역시, 세종특별자치시, 부산광역시, 대구광역시, 울산광역
시, 경기도, 충청북도, 충청남도, 전라북도, 경상남도 교육청

■ **교육지원청** - 용인, 안산, 시흥, 안성, 의정부, 구리남양주, 광주하남, 파주, 포천, 평택, 여
주, 인천동부, 인천서부, 인천북부, 인천남부, 인천강화, 논산계룡, 서산, 태안, 예산, 진안,
단양, 고성, 가평, 인제, 완주, 남원, 임실, 익산, 군산, 부안, 정읍, 영광, 광주동부, 전주, 경
주, 밀양, 창녕, 양산, 합천, 김해, 울산강북, 울산강남, 창원, 부산북부 교육지원청

■ **교육연수원** - 서울특별시, 인천광역시, 울산광역시, 경상북도, 경상남도, 강원도, 충청북
도 교육연수원

■ **초중고** - 서울압구정초, 서울송파초, 서울연천초, 서울청룡초, 인천단봉초, 인천가좌초,
인천원당초, 인천당산초, 인천부평남초, 인천구산초, 부산중리초, 부천계남초, 용인신릉
초, 시흥장현초, 안양평촌초, 오산원일초, 고양성사초, 광주삼리초, 여주연라초, 태백삼성
초, 천안부대초, 세종도원초, 전주북초, 남원교룡초, 남원중앙초, 여수백초초, 김해임호초,
진주선학초, 거제제산초, 홍성홍남초, 서울연신중, 서울양화중, 서울숭의여중, 서울강동중,

반복의 미학 누구주

서울상명부여중, 상명사범대학부속여자중학교, 서울연희중, 서울광희중, 인천인성여중, 인천고잔중, 인천서창중, 양주신주중, 파주문산북중, 파주파평중, 고양성사중, 화성서신중, 여주여중, 여주제일중, 포천중학교, 용인홍덕중, 성남하탑중, 수원세류중, 대전대문중, 세종금호중, 세종아름중, 당진원당중, 충북옥천중, 충남공주중, 청주여중, 전주서신중, 전주오송중, 남원하늘중, 남원산내중, 경남산청중, 김해대청중, 진주진명여중, 진주제일중, 창원진해여중, 창원봉곡중, 마산무학여중, 양산중, 함안중, 밀양여중, 울산신일중, 경남남해중, 구미현일중, 경상사대부중, 보성용정중, 티엘비유글로벌학교, 서울장훈고, 서울개포고, 서울서초고, 서울혜성여고, 서울도봉고, 인천인일여고, 인천예일고, 인천가림고, 인천학익고, 인천부개고, 안산디자인문화고, 의정부고, 의정부호원고, 용인대지고, 화성동탄중앙고, 양주덕현고, 양주덕계고, 하남풍산고, 포천고, 파주고, 수원매탄고, 용인고, 충주충원고, 청주외고, 청주신흥고, 충북고, 제천고, 전북고창고, 남원고, 남원성원고, 남원여고, 남원서진여고, 한국마사고, 부산개금고, 울산신정고, 울산효정고, 울산신정고, 대구강동고, 대구신명고, 대구송현여고, 대구여고, 대구함지고, 경북죽변고, 김해제일고, 김해분성여고, 남해제일고, 삼천포고, 삼천포여고, 김해장유고, 마산고, 진주고, 거창여고, 경북경산고, 거제옥포고, 수원매원고, 경북의성고, 진접고, 진주대아고, 창원남산고, 창원진해중앙고, 창원고, 함안군북고 등 약 1000여개 학교

■ 대학 - 한양대, 단국대, 동국대, 서울과학기술대, 군산대, 순천향대, 공주대, 전북대, 금오공과대, 제주대, 대전대, 인하대, 인천대, 성공회대, 가천대, 경동대, 충북대, 충청대, 강릉원주대, 경남대, 재능대, 창원대, 부경대, 동명대, 한국해양대, 대구가톨릭대, 군산대, 광운대 등

■ 공공기관 - 한국잡월드, 대구MBC, 삼성꿈장학재단, 부산 KNN, 충북교육과학연구원, 강동자기주도학습지원센터, 송파학습능력키움센터, 서울시립어린이도서관, 서울동대문도서관, 서울도봉도서관, 서울개포도서관, 서울남산도서관, 서울종로도서관, 서울양천도서관, 서울강남도서관, 서울강동도서관, 경기도립포천도서관, 경기도립광주도서관, 시흥능곡도서관, 부천꿈여울도서관, 부천상동도서관, 노원청소년수련원, 서대문청소년수련관, 과천시청소년수련관, 공릉종합사회복지관, 영등포교육복지센터, 인천서구드림스타트센터, 양천드림스타트센터, 은평여성인력개발센터, 서울영등포평생학습관, 서울마포구고용복지센터, 인천평생학습관, 원주교육문화관, 속초교육문화관, 인천남동구청, 서울송파구청, 서울강동구청, 서울동대문구청, 서울노원구청, 서울관악구건강가정지원센터, 아산다문화가족지원센터, 경북대가야교육원, 초록우산어린이재단, 사단법인우리다솜, 도봉진로직업체험지원센터 등

■ 기업 - 우리카드, 기아자동차, 3M, 현대백화점, 신세계, 대교, LIG, 하이멘토, 삼성엔지니어링, 웅진패스원, 공단기, 토즈, 크레벤, 홈플러스, 웅진코웨이, BC카드 등

# 한국학습코칭센터와 함께한 주요 기관들

- ● 교사

- ● 학부모

- ● 학생

- ● 대학

### 'L.S.T.P 학습기술 훈련 프로그램' 소개

한국학습코칭센터는 오랜 시간 학습코칭 분야를 연구하는 과정에서 최상위 학습자들의 학습 시스템과 스포츠 훈련 시스템의 유사성을 발견하게 되었다. 여기에 착안하여 학습기술도 스포츠기술처럼 과학적인 훈련 프로그램을 만들 수 있을 거라는 일념으로 효과적인 학습기술들을 체계적으로 정리하여 'L.S.T.P 학습기술 훈련 프로그램Learning Skills Training Program'을 개발하게 되었다.

'L.S.T.P 학습기술 훈련 프로그램'은 대한민국 모든 학습자의 자기주도학습 역량을 높일 수 있는 체계적인 학습기술 훈련 시스템을 만들겠다는 한국학습코칭센터의 사명과 철학을 반영하여 최상위 학습자들의 예습-수업-복습 체계, 필기방법, 집중기술, 기억전략 등을 전국 수만 명의 학생들에게 적용하며 고안해낸 신개념 학습 플랫폼 교육 프로그램으로서 누구나 쉽고 빠르게 효율적인 학습 시스템을 구축할 수 있는 바탕을 마련해 줄 것이다.

### 'L.S.T.P 학습기술 훈련 프로그램' 개발 배경

- 사교육 부담, 가족 갈등, 저출산 등 교육으로 인해 발생하는 다양한 사회 문제의 해결책 제시
- 자기주도학습과 학습코칭 영역 확대에 따른 전문화된 교육의 필요성
- 올바른 학습 습관과 자기 관리 능력을 갖춘 창의적 미래 인재 양성의 시대적 요구

### 'L.S.T.P 학습기술 훈련 프로그램' 운영 목적

- 학부모들의 인식 변화 및 자녀 학습코칭 역량 강화
- 학생들의 자기주도적 학습능력 신장 및 올바른 학습 습관 형성 지원
- 선생님을 위한 학습코칭 기술과 학습 동기부여 기술 함양

## 'L.S.T.P 학습기술 훈련 프로그램' 기대효과

### 학생

• 학습 성과를 높일 수 있는 나만의 학습시스템 구축
• 체계적인 학습기술 훈련으로 자기주도학습 토대 마련
• 학습에 대한 긍정적 마음가짐과 자신감 형성
• 건전한 인성과 창의력을 가진 인재로 성장
• 학습 자존감 증대로 합리적 진로 선택 가능

### 학부모

• 자녀에게 효과적인 학습코칭 가능
• 잔소리가 아닌 소통을 통해 바른 인성을 지닌 자녀로 양육
• 입시와 진로진학을 관통하는 학습원리 터득
• 불필요한 사교육비 절약을 통한 가계경제 안정
• 교육 문제 해소를 통한 가정의 행복 증대

### 교사

• 자기주도학습의 이해를 바탕으로 한 수업을 진행함으로 학생 학업 성취도 향상
• 기억과 학습의 원리 이해를 통한 교사 개인의 학습 경쟁력과 교수 능력 향상
• 학생들의 학습 성품 개선을 통한 바른 인성 교육 효과 창출
• 학생들의 학습 동기 유발을 넘어 진로 설계에도 도움
• 학생들의 자기주도학습 능력 향상으로 공교육 역량 강화

# 'L.S.T.P 학습기술 훈련 프로그램' 운영 로드맵

## L.S.T.P 학생 프로그램 (L.S.T.P.Y) Learning Skills Training Program for Youth

**특징** – 학습동기와 학습능력 향상에 실제적인 도움을 줄 수 있는 실전 학습기술의 교육과 실습을 통해 교육성과를 직접 눈으로 확인하고 느낌으로써, 학습 성취감과 자존감을 높임.

**운영시간**
- **특강** – 60~120분
- **프로그램** – 기본 4~6시간

**추천프로그램** – 방과후 특별프로그램, 주말 및 방학 캠프, 신입생 오리엔테이션, 시범학교 특화 프로그램, 자유학기제 특별 프로그램, 일반고 역량강화 프로그램, 기타 자기주도학습 관련 프로그램 등

학생
학부모 교사

## L.S.T.P 학부모 연수 (L.S.T.P.P)
Learning Skills Training Program for Parents

**특징** – 학습과 생활을 모두 코칭할 수 있는 부모를 대상으로 전문적인 학습코칭 교육을 실시함으로써, 학습능력 향상과 생활태도 개선 및 사교육비 절감이라는 3마리 토끼를 동시에 잡을 수 있음.

**운영시간**
- **특강** – 기본 90분
- **프로그램** – 기본 4~8시간

**추천연수** – 학부모 총회, 학교 설명회, 학부모 자원봉사자 및 도우미 연수, 학습코치 양성 연수, 학부모 역량 강화 연수, 찾아가는 학부모 연수, 거점 학교 학부모 연수, 기타 자녀학습지도 관련 연수 등

## L.S.T.P 교사 연수 (L.S.T.P.T)
Learning Skills Training Program for Teacher

**특징** – 실전 학습전략에 대한 심도 있는 교육과 실습으로 학력 향상을 통한 공교육 역량 강화를 기대할 수 있음.

**운영시간**
- **특강** – 기본 90분
- **프로그램** – 기본 3~4시간

**추천연수** – 교원 자격 연수, 교사 역량 강화 연수, 공모형 직무연수, 교사 연구회 직무연수, 현지 맞춤형 직무연수, 기타 학습코칭 관련 직무연수 등

## L.S.T.P 학생 프로그램 안내

### 프로그램 목표
- 스스로 공부할 수 있는 능력을 향상 시킬 수 있다.
- 올바른 학습방법을 선택할 수 있는 안목을 갖출 수 있다.
- '자기주도학습' 원리를 습득하여 공부에 대한 재미를 느낄 수 있다.
- 공부의 성취감을 맛봄으로써 더 큰 목표를 설정할 수 있다.

### 교육 대상
- 초5~고2 학생
- 꿈과 목표를 이루기 위해 공부가 반드시 필요한 학생
- 공부는 열심히 하는데 성적은 만족스럽지 않은 학생
- 공부가 잘된다는 확신을 가지고 공부하고 싶은 학생
- 사교육에 지나치게 의존하지 않고 자기주도학습을 하고 싶은 학생

### 주요 내용
- 공신들의 특징과 학습전략의 필요성
- 공부에 날개를 달아주는 반복의 3원칙 '누.구.주'
- 학습 성과 극대화를 위한 시스템 예습-수업-복습전략 – 완시스 사이클
- 예습, 수업, 복습에 최적화된 체계적인 노트 필기 전략 – 완시스 노트
- 개념의 숲과 나무를 동시에 보는 학습전략 – 완시스 리딩
- 공부를 게임처럼 만들며 기억 효과를 높이는 학습도구 활용 전략 – 완시스 카드

### 프로그램 구분
- 워크숍 : 4~6시간 정도의 자유롭게 구성 가능한 실습 중심의 자기주도학습 능력 향상 프로그램

- 방학캠프 : 방학기간에 8시간 동안 진행되는 집중 자기주도학습 능력 향상 프로그램
- 특강 : 약 90분 동안 소규모(20명)부터 대규모(1000명)에 이르는 학생들에게 공부의 비법을 전수하는 특별 강의

(요청에 따라 다양한 형태로 프로그램 기획 가능)

## 프로그램 커리큘럼 예시 (6시간)

| 시간 | 테마 | 세부내용 |
|------|------|----------|
| 1 | 수업 효과를 높여주는 적극수업 전략 | 눈 · 귀 · 머리 · 입 · 손으로 수업 효과를 높이는 적극수업 전략<br>학과 습을 연결하는 체계적인 노트필기 규칙 |
| 2 | 공부에 날개를 달아주는 반복의 3원칙 '누.구.주' | 기억형성을 위한 누적반복과 기억점검을 위한 구분반복<br>주기반복의 중요성과 기억 유지의 방법 |
| 3 | 학습 성과 향상을 위한 복습 시스템 | 누.구.주 원리가 적용된 당일-주말-시험-방학의 시스템 복습<br>체계적인 복습 습관을 만드는 수업일기 활용 전략 |
| 4 | 개념의 숲과 나무를 동시에 보는 '완시스 리딩' | 단계적 밑줄 긋기를 통한 교과서 길들이기<br>단원별 핵심 개념의 흐름을 파악하는 목차정리 |
| 5 | 궁극의 기억전략 '완시스 카드' | 공부를 게임처럼 만들며 기억 효과를 높이는 카드 활용법<br>〈반복의 3원칙 누.구.주〉를 적용한 시스템 기억전략 |
| 6 | 누.구.주 학습모형 종합 실습 | 수업 – 노트 – 리딩 – 카드 – 문제풀이 실습 |

## L.S.T.P 학부모 프로그램 안내

### 프로그램 목표

- 자녀의 자기주도학습 능력을 향상 시킬 수 있다.
- 체계적인 몰입교육을 통해 준전문가 수준의 역량을 함양한다.
- 자녀를 올바른 학습방향으로 이끌 수 있는 안목을 갖출 수 있다.
- '자기주도학습' 원리를 습득하여 자녀에게 공부에 대한 재미를 느끼게 할 수 있다.

### 교육 대상

- 초중고 자녀를 둔 부모
- 자녀를 우등생 자녀로 만들고 싶은 부모
- 자녀에게 훌륭한 코치와 매니저가 되고 싶은 부모
- 자녀 교육 전문가로 활동하고 싶은 부모
- 자녀의 학습에 관심이 많은 부모
- 자녀의 학습관리를 직접 하고자 하는 부모
- 자녀가 자기주도학습을 하길 원하는 부모
- 자녀가 공부로 인생에서 성공하길 원하는 부모

### 주요 내용

- 최상위 학습자들의 특징과 학습전략의 필요성
- 자녀들의 학습능력 향상을 위한 학습코치로서의 역할
- 공부에 날개를 달아주는 반복의 3원칙 '누.구.주'
- 학습 성과 극대화를 위한 체계적인 예습-수업-복습전략
- 개념의 숲과 나무를 동시에 보는 학습전략
- 공부를 게임처럼 만들며 기억 효과를 높이는 카드 학습법
- 학습동기의 중요성과 학습동기부여의 요소
- 학습코칭의 다양한 기대효과

반복의 미학 누구주

## 수료 및 자격 인증

- 과정 수료자 중 응시자에 한해 자격 요건 충족 시 자격증 발급
- 자기주도학습코치 3급 (한국직업능력개발원 등록번호 제2013-2633)

  (자세한 내용은 한국학습코칭센터 웹사이트(http://klcc.or.kr/)의 자격 과정 안내 참조)

## 프로그램 구분

- 연수 : 4~8시간 정도로 이루어지는 학습코칭 훈련 프로그램
- 특강 : 90분 동안 소규모(20명)부터 대규모(1000명)에 이르는 학부모에게 학습코칭의 비결을 전수하는 특별 강의

  (요청에 따라 다양한 형태로 프로그램 기획 가능)

## 프로그램 커리큘럼 예시(8시간)

| 시간 | 테마 | 세부내용 |
|---|---|---|
| 1 | 학습코칭과 공부경영 | 공부경영을 위한 공부 감성의 중요성<br>소통하며 공부에 맛들이게 하는 학습코칭 시스템 |
| 2 | 수업 효과를 높여주는<br>예습 · 수업 전략 | 수업에 대한 관심과 이해를 돕는 흥미예습 전략<br>눈 · 귀 · 머리 · 입 · 손으로 수업 효과를 높이는 적극수업 전략 |
| 3 | 공부에 날개를 달아주는<br>반복의 3원칙 '누.구.주' | 기억 형성을 위한 누적반복과 기억점검을 위한 구분반복<br>주기반복의 중요성과 기억 유지의 방법 |
| 4 | 학습 성과 향상을 위한<br>복습 시스템 | 누.구.주 원리가 적용된 당일-주말-시험-방학의 시스템 복습<br>체계적인 복습 습관을 만드는 수업일기 활용 전략 |
| 5 | 개념의 숲과 나무를 동시에<br>보는 '완시스 리딩' 1 | 단계적 밑줄 긋기를 통한 교과서 길들이기<br>단원별 핵심개념의 흐름을 파악하는 목차정리 |
| 6 | 개념의 숲과 나무를 동시에<br>보는 '완시스 리딩' 2 | 나만의 개념 참고서를 만드는 단권화 전략<br>지우고 채우며 기억을 점검하는 화이트 점검 |
| 7 | 궁극의 기억전략<br>'완시스 카드' | 공부를 게임처럼 만들며 기억 효과를 높이는 카드 활용법<br>(반복의 3원칙 누.구.주)를 적용한 시스템 기억전략 |
| 8 | 학습코칭 기대 효과와<br>추가 팁 | 수면, 휴식, 아침식사 등 생활습관과 학습의 상관관계<br>사교육비를 절감하고 바른 인성을 길러주는 학습코칭 |

## L.S.T.P 교사 프로그램 안내

### 프로그램 목표
- 교사의 학습코칭 기술과 올바른 학습동기부여 기술 함양
- 학생들의 자기주도학습 능력 향상으로 공교육 역량 강화
- 학습코칭 기술 습득을 통해 자기주도학습 전문가로 거듭남
- 학생들의 꿈과 목표를 이룰 수 있도록 효과적 도움 가능

### 교육 대상
- 초중고교 현직 교사
- 학생들의 학업 성취도를 높이고 싶은 교사
- 공교육 경쟁력 강화를 위해 애쓰는 교사
- 좀 더 효과적인 교과 내용 전달 방안을 모색하는 교사
- 학생들의 꿈과 목표를 찾도록 도와주고, 동기부여를 해주고 싶은 교사
- 학습코칭 전문가로 새로운 영역을 개척하길 원하는 교사

### 주요 내용
- 최상위 학습자들의 특징과 학습전략의 필요성
- 학생들의 학습능력 향상을 위한 학습코치로서의 역할
- 공부에 날개를 달아주는 반복의 3원칙 '누.구.주'
- 학습 성과 극대화를 위한 체계적인 예습-수업-복습전략
- 개념의 숲과 나무를 동시에 보는 학습전략
- 공부를 게임처럼 만들며 기억 효과를 높이는 카드 학습법
- 학습동기의 중요성과 학습동기부여의 요소
- 학습코칭의 다양한 기대효과

## 수료 및 자격 인증

- 과정 수료자 중 응시자에 한해 자격 요건 충족 시 자격증 발급
- 자기주도학습코치 2급 (한국직업능력개발원 등록번호 제2013-2633)
- 일정 수준 이상의 자격 요건 충족 시 한국학습코칭센터 소속 학습코치 및 강사로 활동 가능

  (자세한 내용은 한국학습코칭센터 웹사이트(http://klcc.or.kr/)의 자격 과정 안내 참조)

## 프로그램 구분

- 연수 : 3~4시간 정도로 이루어지는 학습코칭 훈련 프로그램
- 특강 : 90여 분 동안 학습코칭의 비결을 전수하는 특별 강의

  (요청에 따라 다양한 형태로 프로그램 기획 가능)

## 프로그램 커리큘럼 예시 (4시간)

| 시간 | 테마 | 세부내용 |
|---|---|---|
| 1 | 공부에 날개를 달아주는 반복의 3원칙 '누.구.주' | 기억형성을 위한 누적반복과 기억점검을 위한 구분반복 주기반복의 중요성과 기억 유지의 방법 |
| 2 | 학습 성과 향상을 위한 복습 시스템 | 누.구.주 원리가 적용된 당일—주말—시험—방학의 시스템 복습 체계적인 복습 습관을 만드는 수업일기 활용 전략 |
| 3 | 개념의 숲과 나무를 동시에 보는 '완시스 리딩' | 단계적 밑줄 긋기를 통한 교과서 핵심 개념압축 전략 단원별 핵심 개념의 흐름을 파악하는 목차정리 전략 |
| 4 | 궁극의 기억전략 '완시스 카드' | 공부를 게임처럼 만들며 기억 효과를 높이는 카드 활용법 〈반복의 3원칙 누.구.주〉를 적용한 시스템 기억전략 |

## 한국학습코칭센터 학습능력테스트 (약식)

이 테스트는 당신의 공부하는 요령, 습관, 태도 등을 알아서 보다 능률적이고 효과적으로 공부하는 데 필요한 여러 가지 도움을 주기 위해 만들어진 학습능력 검사입니다.

답하는 요령은 질문을 하나씩 차례대로 읽어가면서 그것이 평소 자신이 공부할 때의 요령, 습관, 생각과 맞는 것에 'O'를 표시하면 됩니다.

이 검사는 시간이 제한되어 있지는 않습니다. 그러나 될 수 있는 대로 빨리 답하고, 한 문제라도 답하지 않고 넘어가는 일이 없도록 주의하시기 바랍니다.

| 번호 | 번호 | O/X |
|------|------|------|
| 1 | 현재 원하는 목표를 달성하는 데 공부가 꼭 필요하다. | |
| 2 | 누가 시키지 않아도 스스로 공부를 한다. | |
| 3 | 나는 내 적성과 능력을 잘 알고 있는 편이다. | |
| 4 | 공부방과 책상 위 등은 항상 깔끔하게 정리정돈하는 편이다. | |
| 5 | 게임이나 스마트폰, TV 때문에 새벽까지 잠을 안자는 경우는 별로 없다. | |
| 6 | 형제나 가족, 친구에 의해 공부에 방해받지 않는다. | |
| 7 | 몸에 이상이 있거나 아프면 즉시 병원이나 약국을 찾아 치료하려고 한다. | |
| 8 | 매끼 식사는 거르지 않는 편이며 아침은 꼭 챙겨 먹는다. | |
| 9 | 기상시간과 식사시간, 수면시간은 항상 일정한 편이다. | |
| 10 | 책을 볼 때 목차를 수시로 보면서 내용의 흐름을 파악한다. | |
| 11 | 학습자료나 책을 읽고 나서 읽은 내용을 머리속에 그려본다. | |
| 12 | 나에게 맞는 공부방법을 찾기 위해 다방면으로 꾸준히 노력한다. | |
| 13 | 수업이나 강의를 듣고 내용을 기억하기 위해 복습을 가급적 하는 편이다. | |
| 14 | 공부할 과목, 분량, 시간에 대해 미리 계획을 세우고 공부한다. | |
| 15 | 시간 부족 때문에 공부에 지장을 받는 경우는 별로 없다. | |
| 16 | 공부계획에 우선순위를 정해서 무엇을 먼저 할지 확인 후 실천한다. | |
| 17 | 공부할 때는 주변에서 나는 소리에 신경이 흐트러지지 않는다. | |
| 18 | 집중이 안 될 때 집중력을 높일 수 있는 나만의 방법이 있다. | |
| 19 | 이해가 안 되는 내용은 질문을 해서 해결한다. | |
| 20 | 책을 읽을 때는 미리 전체 내용을 대충 한번 훑어보고 읽기 시작한다. | |

| 21 | 어려운 단어나 용어가 나오면 사전이나 용어집을 찾아서 확인한다. | |
|----|------------------------------------------------------|---|
| 22 | 한 번 기억한 내용을 잊어버리지 않기 위해 여러 번 반복한다. | |
| 23 | 암기한 내용은 보지 않고 써보거나 말해봄으로써, 암기 여부를 확인한다. | |
| 24 | 새로운 것을 기억할 때 이미 알고 있는 것과 관련지어 기억한다. | |
| 25 | 시험공부나 복습할 때는 필기한 노트를 함께 본다. | |
| 26 | 필기구는 색깔과 형태에 따라 목적을 정해 두고 사용한다. | |
| 27 | 시험시간이 모자라서 문제를 못 푸는 경우는 없다. | |
| 28 | 시험지를 제출하기 전에 답을 잘 썼는지 확인한다. | |
| 29 | 시험지를 받으면 잊어버리기 쉬운 공식이나 단어를 여백에 기록해 둔다. | |
| 30 | 시험 후에 과목별로 시험지를 분석해서 틀린 이유를 살펴본다. | |
| | 합계 | |

## ▪ 결 과

\* **A** (25~30개) : 테스트 결과가 25~30개로 아주 우수하게 나왔다면 체계적인 공부를 하고 있다고 볼 수 있습니다. 지금까지 해오던 공부 방법들을 그대로 유지하고 자신에게 최적화시키며 완성도를 높여 나가세요.

\* **B** (17~24개) : 테스트 결과가 17~24개로 우수하게 나왔다면 아마도 학습능력이 상위권에 속하는 수준이라고 추측할 수 있습니다. 그럼에도 불구하고 학습 성과가 좋지 않다면 다양한 공부방법을 벤치마킹해보거나 자투리 시간 등을 활용해서 공부시간을 늘려보길 권합니다.

\* **C** (9~16개) : 테스트 결과가 9~16개로 보통 수준이라면 지금까지 해오던 공부방법들을 모두 한 번씩 점검해 보고, 학습 효율성을 높이기 위해 여러 가지 노력을 해보시길 권합니다.

\* **D** (0~8개) : 테스트 결과가 0~8개로 나왔다면 나만의 학습 체계가 잡히지 않은 상태입니다. 공부하는데 많은 시간을 투자하여도 학습 성과가 나지 않으며, 비효과적인 방법으로 공부하기 때문에 시간이 갈수록 점점 학습 효율과 학습동기가 떨어질 수 있습니다. 학습 성과를 높일 수 있는 전문가의 상담이나 교육을 받아보시길 권합니다.

## 학습능력테스트 정식 검사 (무료)

학습능력테스트를 정식으로 검사하시려면, 한국학습코칭센터 홈페이지 (www.klcc.or.kr) - 학습능력테스트 - 학습능력테스트 진행 메뉴를 이용하시면 됩니다.

정식 학습능력테스트에는 10개 영역(정신관리, 환경관리, 건강관리, 학습관리, 시간관리, 집중력, 이해력, 암기력, 정리기술, 시험기술) 각 10 문항씩 전체 100 문항이 수록되어 있습니다.

# KLCC 한국학습코칭센터  완시스 수업일기

| 20 　 년 　 월 　 일 　 요일 | |
|---|---|
| 1교시 : | 2교시 : |
| | |
| 3교시 : | 4교시 : |
| | |
| 5교시 : | 6교시 : |
| | |
| 7교시 : | 과제 |
| | |

COPYRIGHT ⓒ KLCC 한국학습코칭센터 ALL RIGHTS RESERVED http://klcc.or.kr Tel. 1666-0935

# KLCC 한국학습코칭센터  완시스 수업일기

| 20    년    월    일    요일 | |
|---|---|
| 1교시 : | 2교시 : |
| | |
| 3교시 : | 4교시 : |
| | |
| 5교시 : | 6교시 : |
| | |
| 7교시 : | 과제 |
| | |

COPYRIGHT ⓒ KLCC 한국학습코칭센터 ALL RIGHTS RESERVED http://klcc.or.kr Tel. 1666-0935

# KLCC 한국학습코칭센터 완시스 수업일기

| 20    년    월    일    요일 | |
|---|---|
| 1교시 : | 2교시 : |
| | |
| 3교시 : | 4교시 : |
| | |
| 5교시 : | 6교시 : |
| | |
| 7교시 : | 과제 |
| | |

COPYRIGHT ⓒ KLCC 한국학습코칭센터 ALL RIGHTS RESERVED http://klcc.or.kr Tel. 1666-0935

# KLCC 한국학습코칭센터　완시스 수업일기

| 20 　년　　월　　일　　요일 | |
|---|---|
| 1교시 : | 2교시 : |
| 3교시 : | 4교시 : |
| 5교시 : | 6교시 : |
| 7교시 : | 과제 |

COPYRIGHT © KLCC 한국학습코칭센터 ALL RIGHTS RESERVED http://klcc.or.kr Tel. 1666-0935

# KLCC 한국학습코칭센터 완시스 수업일기

| 20　　년　　월　　일　　요일 | |
|---|---|
| 1교시 : | 2교시 : |
| 3교시 : | 4교시 : |
| 5교시 : | 6교시 : |
| 7교시 : | 과제 |

COPYRIGHT ⓒ KLCC 한국학습코칭센터 ALL RIGHTS RESERVED http://klcc.or.kr Tel. 1666-0935

# KLCC 한국학습코칭센터　　20　년　학기　　고사　시험 전략표

| 과목 | 목표 | 우선 순위 | 시험 범위(교재, 분량) | 시험 전략(지난시험, 주의점, 학습법) |
|---|---|---|---|---|
| | | | | |
| | | | | |
| | | | | |
| | | | | |
| | | | | |
| | | | | |
| | | | | |
| | | | | |
| | | | | |
| | | | | |
| | | | | |

COPYRIGHT ⓒ KLCC 한국학습코칭센터 ALL RIGHTS RESERVED http://klcc.or.kr Tel. 1666-0935

**KLCC** 한국학습코칭센터

## 20 년 학기 고사 시험 계획표

|  | 일 | 월 | 화 | 수 | 목 | 금 | 토 |
|---|---|---|---|---|---|---|---|
| 1주 |  |  |  |  |  |  |  |
| 2주 |  |  |  |  |  |  |  |
| 3주 |  |  |  |  |  |  |  |
| 4주 |  |  |  |  |  |  |  |

COPYRIGHT © KLCC 한국학습코칭센터 ALL RIGHTS RESERVED http://klcc.or.kr Tel.1666-0935

# KLCC 한국학습코칭센터　　20　년　　학기　　고사　시험 전략표

| 과목 | 목표 | 우선 순위 | 시험 범위(교재, 분량) | 시험 전략(지난시험, 주의점, 학습법) |
|---|---|---|---|---|
|  |  |  |  |  |
|  |  |  |  |  |
|  |  |  |  |  |
|  |  |  |  |  |
|  |  |  |  |  |
|  |  |  |  |  |
|  |  |  |  |  |
|  |  |  |  |  |
|  |  |  |  |  |
|  |  |  |  |  |
|  |  |  |  |  |
|  |  |  |  |  |

COPYRIGHT ⓒ KLCC 한국학습코칭센터 ALL RIGHTS RESERVED http://klcc.or.kr Tel. 1666-0935

반복의 미학 누구주

KLCC 한국학습코칭센터

# 20  년   학기   고사   시험 계획표

http://klcc.or.kr

| | 일 | 월 | 화 | 수 | 목 | 금 | 토 |
|---|---|---|---|---|---|---|---|
| 1주 | | | | | | | |
| 2주 | | | | | | | |
| 3주 | | | | | | | |
| 4주 | | | | | | | |

COPYRIGHT ⓒ KLCC 한국학습코칭센터 ALL RIGHTS RESERVED http://klcc.or.kr Tel. 1666-0935

| 대단원명 | 중단원명 | 소단원명 | 핵심개념 |
|---|---|---|---|
| | | | |
| | | | |
| | | | |
| | | | |
| | | | |
| | | | |
| | | | |
| | | | |
| | | | |
| | | | |
| | | | |
| | | | |
| | | | |
| | | | |
| | | | |
| | | | |
| | | | |
| | | | |
| | | | |
| | | | |
| | | | |
| | | | |
| | | | |
| | | | |
| | | | |
| | | | |
| | | | |
| | | | |
| | | | |
| | | | |
| | | | |
| | | | |
| | | | |
| | | | |
| | | | |
| | | | |

**KLCC 한국학습코칭센터**
KOREA LEARNING COACHING CENTER

반복의 미학 누구주

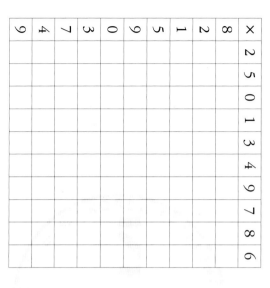

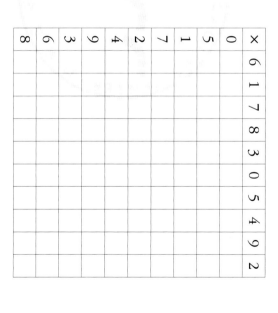

월 일 ( 분 초)

| × | 2 | 5 | 0 | 1 | 3 | 4 | 9 | 7 | 8 | 6 |
|---|---|---|---|---|---|---|---|---|---|---|
| 8 | | | | | | | | | | |
| 2 | | | | | | | | | | |
| 1 | | | | | | | | | | |
| 5 | | | | | | | | | | |
| 9 | | | | | | | | | | |
| 0 | | | | | | | | | | |
| 3 | | | | | | | | | | |
| 7 | | | | | | | | | | |
| 4 | | | | | | | | | | |
| 9 | | | | | | | | | | |

월 일 ( 분 초)

| × | 6 | 1 | 7 | 8 | 3 | 0 | 5 | 4 | 9 | 2 |
|---|---|---|---|---|---|---|---|---|---|---|
| 0 | | | | | | | | | | |
| 5 | | | | | | | | | | |
| 1 | | | | | | | | | | |
| 7 | | | | | | | | | | |
| 2 | | | | | | | | | | |
| 4 | | | | | | | | | | |
| 9 | | | | | | | | | | |
| 3 | | | | | | | | | | |
| 6 | | | | | | | | | | |
| 8 | | | | | | | | | | |

COPYRIGHT © KLCC 한국학습코칭센터 ALL RIGHTS RESERVED http://klcc.or.kr Tel. 1666-0935

월 일 ( 분 초)

| + | 4 | 5 | 1 | 7 | 0 | 6 | 8 | 3 | 2 | 9 |
|---|---|---|---|---|---|---|---|---|---|---|
| 8 | | | | | | | | | | |
| 2 | | | | | | | | | | |
| 7 | | | | | | | | | | |
| 6 | | | | | | | | | | |
| 1 | | | | | | | | | | |
| 0 | | | | | | | | | | |
| 3 | | | | | | | | | | |
| 5 | | | | | | | | | | |
| 4 | | | | | | | | | | |
| 9 | | | | | | | | | | |

월 일 ( 분 초)

| + | 8 | 4 | 2 | 1 | 6 | 3 | 9 | 7 | 0 | 5 |
|---|---|---|---|---|---|---|---|---|---|---|
| 4 | | | | | | | | | | |
| 9 | | | | | | | | | | |
| 1 | | | | | | | | | | |
| 0 | | | | | | | | | | |
| 2 | | | | | | | | | | |
| 6 | | | | | | | | | | |
| 7 | | | | | | | | | | |
| 3 | | | | | | | | | | |
| 8 | | | | | | | | | | |
| 5 | | | | | | | | | | |

COPYRIGHT © KLCC 한국학습코칭센터 ALL RIGHTS RESERVED http://klcc.or.kr Tel. 1666-0935

월 일 ( 분 초)

| | 1 | 7 | 2 | 0 | 3 | 8 | 9 | 5 | 4 | 6 |
|---|---|---|---|---|---|---|---|---|---|---|
| 7 | | | | | | | | | | |
| 4 | | | | | | | | | | |
| 0 | | | | | | | | | | |
| 8 | | | | | | | | | | |
| 2 | | | | | | | | | | |
| 1 | | | | | | | | | | |
| 5 | | | | | | | | | | |
| 9 | | | | | | | | | | |
| 3 | | | | | | | | | | |
| 6 | | | | | | | | | | |

월 일 ( 분 초)

| | 3 | 9 | 7 | 2 | 1 | 0 | 4 | 8 | 6 | 5 |
|---|---|---|---|---|---|---|---|---|---|---|
| 5 | | | | | | | | | | |
| 7 | | | | | | | | | | |
| 0 | | | | | | | | | | |
| 2 | | | | | | | | | | |
| 1 | | | | | | | | | | |
| 6 | | | | | | | | | | |
| 4 | | | | | | | | | | |
| 3 | | | | | | | | | | |
| 8 | | | | | | | | | | |
| 9 | | | | | | | | | | |

COPYRIGHT © KLCC 한국학습코칭센터 ALL RIGHTS RESERVED http://klcc.or.kr Tel. 1666-0935

# 학습코칭아카데미 활동 후기

| 학년/학기 | 이 름 | 활동기간 | 활 동 명 |
|---|---|---|---|
| 학년    학기 | | — | 공부에 날개를 달아주는 학습코칭아카데미 |

**활동동기 - 평소 생각하던 본인의 학습 문제점/약점 위주 작성**

**활동내용 - 학습코칭 수업에서 다뤄진 내용을 복습하는 방식으로 작성**

**느끼고 배운점 - 학습성과 향상을 위한 전략과 다짐 작성**

COPYRIGHT ⓒ KLCC 한국학습코칭센터 ALL RIGHTS RESERVED http://klcc.or.kr Tel. 1666-0935